U0100602

大展好書 好書大展
品嘗好書 冠群可期

大展好書　好書大展
品嘗好書　冠群可期

易學智慧12

易傳通論

王博／著

大展出版社有限公司

總序一

任繼愈

《易經》這部書幽微而昭著，繁富而簡明。五千年間，易學思想有形無形地影響著中華民族的社會生活、政治生活以及人生哲學。

《周易》經傳符號單純（只有陰陽兩個符號），文字簡約（約二萬四千餘字），給後代詮釋者留出馳騁才學的廣闊天地。迄今解易之書逾數千家。近年已有光電傳播媒體，今後闡釋易學的各種著作勢將更爲豐富。

歷代有眞知灼見的易學研究者，從各個方面反映各時代、各階層的重大問題。前人研究易學的成果豐富了中華民族的文化寶庫。研究易學，古人有古人的重點，今人有今人的重點。今天中國人的使命是加速現代化的步伐，迎接二十一世紀。

易學，作爲中華民族文化遺產，也要爲文化現代化而做貢獻。當代新易學的任務之一是擺脫神學迷信。易學雖起源於神學迷信，其出路卻在於擺脫神學迷信。凡是有生命的文化，都植根於現實生活之中，不能游離於社會之外。大到社會治亂，小到個人吉凶，都想探尋個究竟。人在世上，是聽命於神，還是求助於人，爭論了幾千年，這兩條道路都有支持者。

哲學家見到《易經》，從中悟出彌綸天地的大道理；德國萊布尼茲見到《易經》，從中啓悟出數學二進制的前景；嚴君平學《易經》，構建玄學易學的體系；江湖術士不乏「張鐵口」、「王半仙」之流，假易學之名，蠱惑愚衆，欺世騙財。易學研究走什麼道路，是易學研究者普遍關心的大事，每一位嚴肅的易學研究者負有學術導向的責任。

本叢書的撰著者多是我國近二十年來湧現的中青年易學專家，他們有系統的現代科學訓練的基礎，有較深厚的傳統文化素養，有嚴肅認眞的學風，易學造詣各有專攻。這部叢書集結問世，必將有益於世道人心，有助於易學健康發展，爲初學者提供入門津梁，爲高深造詣者申一得之見以供參考。

這套叢書的主旨，借用王充《論衡》的話——「疾虛妄」。《論衡》作於兩千年前，舊迷霧被清除，新迷霧又彌漫。「疾虛妄」的任務遠未完成。如果多數群衆尚在愚昧迷信中不能擺脫，我們建設現代化中國的精神文明就無從談起。我們的任務艱巨而光榮。

本叢書的不足之處，希望與讀者同切磋，共同提高。

（任繼愈先生現任國家圖書館館長、教授，中國哲學史學會會長，東方國際易學研究院首席顧問。）

總序二

朱伯崑

《周易》系統典籍，是中華傳統文化的重要組成部分，繼承和發揚這份珍貴的遺產，是學術界的一項艱巨任務。近年來，海內外出版了多種易學著作，形成了一股周易熱。關於周易文化的論述，提出許多問題，發表許多見解，衆說紛紜，莫衷一是，又爲易學愛好者和關心傳統文化的讀者帶來許多困擾。有鑒於此，東方國際易學研究院的同仁，在自己研究的基礎上，編寫了這套叢書，參加爭鳴，希望能爲讀者澄清一些問題，將弘揚傳統文化引向較爲健康的軌道。我們編寫這套叢書，依據以下幾條原則：

(1)倡導以科學態度和科學方法，研究和評介周易文化，區別精華和糟粕，突出易學文化中的智慧和哲理。《周易》系統典籍，所以長期流傳不息，關鍵在於其中蘊涵的智慧或思維方式，吸引歷代學人不斷追求和闡發。這套叢書的重點在於闡述其智慧，使讀者從中受到教益，故定名爲《易學智慧叢書》。

(2)《周易》系統典籍或歷代易學，對中國傳統文化的發展影響深遠，涉及到自然和人文各個領域，如古人所說「易道廣大，旁及天文、地理……」等，在人類文明史上獨樹一幟。弘揚易學智慧，不能局限於《周易》經傳本身，如歷代經學家所從事的注釋工作；還要看到其在實際生活中所起的作用和影響。編這套叢書，著眼於從傳統文化發展的角度，闡述易學智慧的特色及其價値。

(3)任何傳統文化的研究，都應同當代的文明建設聯繫起來考量，走現代化的道路，即古爲今用的道路，傳統文化方能重新煥發出其生命力。編寫這套叢書，亦力求體現這一精神。總之，弘揚傳統應根植於現實生活之中。

(4)《周易》系統的典籍，文字古奥，義理艱深，一般讀者難於領會。編寫這套叢書，一方面立足於較爲踏實的學術研究的基礎上，對原典不能妄加解釋和附會，一方面又要以較爲通俗易懂，用當代學人所能接受的語言，敘述易學智慧的特徵，易學文化流傳的歷史及其對中華文化所起的影響，行文力求深入淺出，爲易學愛好者提供一入門途徑。

以上四條，是我們編寫這套叢書的指導方針和要求，參加撰寫的同仁，大都按這些要求努力工作。有的稿本改寫多次，付出了艱巨的勞動，至於是否達到上述目的，要待廣大讀者的批評指正了。總之，編寫這套叢書是一種嘗試，旨在倡導一種學風，拋磚引玉，以便同學術界、文化界的同行，共同實現弘揚優秀傳統文化的任務。

（朱伯崑先生現任東方國際易學研究院院長兼學術委員會主任，北京大學哲學系教授，中國易學與科學研究會理事長。）

目錄

引言：經典及解釋

對研究古代中國思想的學者來說，經典及其解釋的問題是一個需要時時面對的問題。畢竟，在從西漢到晚清的傳統學問中，經學始終都居於大宗的地位，這是眾所周知的事實。

在漫長的歷史演變過程中，經學曾經發生過很多的改變，形成了不同的學術形態，譬如經常被學者提到的漢學和宋學，就是其中的兩個典型。但無論如何，變化的只是各種解釋，經典的地位是從沒有動搖的。

這正是經學的根底所在，因為所謂經學，簡單說，就是經典之學，即解釋和闡發經典內容和意義的學問。

經學地位的確立，學者一般都認為是以漢武帝立五經博士和罷黜百家、獨尊儒術為標誌，這種確立，其實只是藉由外在的政治權威對經學價值和作用的一種承認。在這種承認的背後，表現出經學的發展已經到了一種較成熟的形態。

達到這種較成熟形態的過程，如果從孔子開始算起，就有四百年左右。這四百年，對於經學來說，是最重要的時期，正是在這個階段，古老的經典透過儒者的不懈解釋，被賦予了新的意義，舊貌換了新顏。「周雖舊邦，其命維新」這八個字，用在此時經典的上面，是再合適不過了。遺憾的是，因為各種原因，在一般的經學史寫作中，這個重要的過程經常被很簡略地一帶而過。

本書要討論的《易傳》，在經學中屬於易學的範疇。它的地位應該說是相當特殊的。一方面，它本身就是經典的一部分，所謂《易經》十二篇（見《漢書・藝文志》關於「六藝略」的部分），是包括了它在內的。

另一方面，它又是對更古老的一部經典《周易》的解釋。這種經傳結合成為一部新經典的情形具有相當典型的象徵和啟示意義，也是對「周雖舊邦，其命維新」（《詩・大雅・文王》）的最好詮釋。它集中地表現了此時人們理解的經典形態和經典本身形態的漫長距離。可以說，《周易》和《易傳》的距離有多大，這兩種形態之間的距離就有多大。

儘管關於《易傳》作者和成書年代的爭論依然存在，而且目前還看不到取得共識的希望，但它出現於從孔子到漢武帝這四百年中，是沒有問題的。作為解釋《周易》的著作，《易傳》在各種解釋經典的作品中具有很大的代表性。

它的結構非常系統，保存非常完整，而且還有從馬王堆到郭店的最新考古發現做參考。透過對《易傳》如何解釋《周易》的分析，可以為我們研究經典形態從舊到新的轉變，研究此一階段經學的形成過程，一句話，為研究經典及其解釋的問題提供重要的線索。而同時，對經典及其解釋的一般情形有些了解，為《易傳》的研究也會提供一個重要的背景。基於此種考慮，我們在研究《易傳》之前，先對此時期經典及其解釋的問題做一些一般性的描述。

一、「六經」的形成

經學即經典之學。在經學的整個歷史過程中，經典的數目曾經發生過一些變化，有五經、六經、七經、九經、十經、十一經、十三經等不同的說法。但無論如何，六經作為最基本經典的地位一直沒有改變過。

所謂「六經」，指《詩》、《書》、《禮》、《樂》、《易》、《春秋》這六部文獻。從漢代起，有時也稱「六藝」。它們產生的年代不同，性質也不一樣，而且原本也不是一個整體。

《詩》本是民間歌詩和宗廟頌歌等的匯編，由「二南」、「十五國風」、「大小雅」和「頌」這幾個部分組成，主要產生在西周時期。

《書》則主要是一些政治性文件，由史官記載下來，分典、謨、誥、誓等幾種不同的體裁，以西周時期的文獻為主。

《禮》、《樂》記載周代的禮樂制度，這些制度據說是由周公制定的。《易》由大卜執掌，是占筮之書，供決疑之用。

《春秋》則是春秋時期魯國的史書，由史官寫成並掌管。

這六部書中，《詩》、《書》、《禮》、《樂》較早地結合為一體。《左傳・僖公二十七年》記晉國的趙衰稱贊別人的時候，說他「說禮樂而敦詩書。詩書，義之府也；禮樂，德之則也」，是目前所見最早將「詩書禮樂」並提的例子。而且，如果《禮記》提到的情況屬實的話，當時的貴族教育，就已經拿「詩書禮樂」作為教本了。《王制篇》說：

> 樂正崇四術，立四教，順先王詩書禮樂以造士。春秋教以禮樂，冬夏教以詩書。

這段話中，詩書禮樂被稱為四術，四教。四教是說教學的四種課程，四術則是四方面的道術。果真如此，不僅詩書禮樂已經作為教本，而且，每一門課程都有自己的主題。其中講的教學時間雖頗有些後世四時五行的氣息，我們不必過分拘泥，但是，內容大體是不錯的。我們可以拿另一段更可靠的文字來證明。《國語・楚語》記申叔時論傳太子之道云：

> 教之春秋，而為之聳善而抑惡焉，以戒勸其心；教之世，而為之昭明德而廢幽昏焉，以休懼其動；教之詩，而為之導廣顯德，以耀明其志；教之禮，使知上下之則；教之樂，以疏其穢而鎮其浮；教之令，使訪物官；教之語，使明其德，而知先

王之務用明德與民也；教之故志，使知廢興者而戒懼焉；教之訓典，使知族類，行比義焉。

孔子以後用詩書禮樂教授弟子，其實是沿襲了周代貴族教育的傳統，不過一方面將教學對象擴展到民間，另一方面又為教科書注入了新的精神而已。

「六經」的形成，前人多以孔子為關鍵人物。《史記‧孔子世家》說道：

孔子之時，周室微而禮樂廢，詩書缺。追跡三代之禮，序《書傳》，上紀唐虞之際，下至秦繆，編次其事。曰：夏禮吾能言之，杞不足徵也。殷禮吾能言之，宋不足徵也。足，則吾能徵之矣。觀夏殷所損益，曰：後雖百世可知也。以一文一質，周監二代，郁郁乎文哉，吾從周。故《書傳》《禮記》自孔氏。

孔子語魯大師：樂其可知也，始作翕如，縱之純如，徼如，繹如也，以成。吾自衛反魯，然後樂正，雅頌各得其所。古者《詩》三千餘篇，及至孔子，去其重，取可施於禮義。上採契，後稷，中述殷周之盛，至幽厲之缺，始於衽席，故曰：《關雎》之亂以為《風》始。三百五篇，孔子皆弦歌之，以求合《韶》、《武》、《雅》、《頌》之音。禮樂自此可得而述，以備王道，成六藝。

孔子晚而喜《易》，序《彖》、《繫》、《象》、《說卦》、《文言》，讀《易》韋編三絕，曰：假我數年，若是，我於《易》則彬彬矣！

……孔子乃因史記作《春秋》，上至隱公，下訖哀公十四年，十二公……至於為《春秋》，筆則筆，削則削，子夏之徒不能贊一辭。弟子受《春秋》，孔子曰：後世知丘者以《春秋》，而罪丘者亦以《春秋》。

這一段話，闡明孔子與「六經」的關係，非常詳細。以此種說法，近人多有懷疑。不過從《論語》上看，《詩》、《書》、《禮》、《樂》和《周易》是都提到了。《春秋》雖沒有涉及，但稍後的孟子卻明確說是孔子所作，《滕文公》篇說「孔子成《春秋》而亂臣賊子懼」，並且記載孔子說「知我者，其惟《春秋》乎！罪我者，其惟《春秋》乎！」這表明，孔子在「六經」的形成過程中發揮了很大的作用。

但這並不意味著六經此時已經成為一個在意義上有密切關係的整體，或者它們都具有相似的地位。因為，種種跡象表明，孔子最重視的還是春秋時期就用來教學的「詩書禮樂」。司馬遷說他以《詩》、《書》、《禮》、《樂》教，《論語》上經常講的也是這四者，如「興於詩，立於禮，成於樂」（《泰伯》），以及「子所雅言，詩書執禮，皆雅言也」（《述而》）等。到孟子的時候，《春秋》才被抬到非常高的地位。但同時，孟子對《周易》是一字也不提的。

從目前的材料來看，「六經」一詞最早見於《莊子》之中。《天運》篇中有一個老子和孔子的寓言，孔子在對話中說：

丘治《詩》、《書》、《禮》、《樂》、《易》、《春秋》六經，自以為久矣。

另外，《天下》篇中，也有如下的一段話：

其在於《詩》、《書》、《禮》、《樂》者，鄒魯之士，縉紳先生多能明之。《詩》以道志，《書》以道事，《禮》以道行，《樂》以道和，《易》以道陰陽，《春秋》以道名分。

這兩段話，一處提到「六經」之名，一處闡發「六經」之大義，過去的學者多視它們為晚出的文字。但新近發現的郭店楚墓竹簡中❶，有兩篇與「六經」的問題有關。一篇是《六德》，其中有如下的文字：

觀諸《詩》、《書》則亦在矣，觀諸《禮》、《樂》則亦在矣，觀諸《易》、《春秋》則亦在矣。

以《詩》、《書》、《禮》、《樂》、《易》、《春秋》並提，可知「六經」的系統已經形成。另一篇是《語叢一》，其中說道：

《詩》所以會古今之志也者，《書》……者也，《禮》交之行述也，《樂》或生或教者也，《易》所以會天道人道也。《春秋》所以會古今之事也。❷

這不僅提到了「六經」，還撮述了其大義，與《天下》篇有同有異。發現竹簡的郭店楚墓被認為是下葬在公元前三百年左右，當戰國中期偏後。這不僅證明了《莊子》中有關「六經」內容的真實性，也說明「六經」系統至少在此時已經形成了。

二、為什麼需要經典

經典的必要性和正當性並不是不能質疑的。在戰國時期，莊子就曾提出過這一問題。《天道》篇所記桓公與輪扁的故事中，古代的聖人之書被明確地表述為先王之糟粕，因為文字並不能記載和傳遞先王之道。《天運》篇借老子之口也明確說：「夫六經，先王之陳跡也」。同時，法家對經典也表現出了特別的排斥。

商鞅就以《詩》、《書》為「六虱」之一，要孝公去之，到了秦始皇和李斯之時，《詩》、《書》等更是遭到了徹底的禁止。莊子和法家反對經典的理由並不相同，但有一點是一致的。二者都把經典與先王聯繫起來，認為經典代表了先王的治國之道。而他們也都反對用先王之道來解決當時遇到的問題。

莊子對此的表述是「禮義法度者，因時而變者也」，並把用古代的辦法來對付當下的問題比做「推舟於陸」，詳見《天運》篇。法家的表述則是「世異則事異，事異則備變」（《韓非子・五蠹》），即是說時代不同了，遇到的問題也不同，因而解決問題的方法也應發生變化。

莊子和法家對經典的排斥與對先王之道的排斥是密不可分的。事實上，經典正被視為是先王之道的載體或者本身就是先王所作，這正是經典權威性的最後根源。《左傳・

昭公二十八年》記載，晉國的貴族韓宣子聘於魯，觀書於太史氏，見《易象》與《魯春秋》於是發出如下的感慨：

周禮盡在魯矣！吾於是知周公之德與周之所以王也。

《易》和《春秋》，作為後世經典的組成部分，韓宣子認為從中可以看出周公的德行與周所以王天下的緣由。正可為上述說法提供一個佐證。

從這個線索來看，在先秦諸子中，尊崇經典的儒家和墨家同時也是先王之道的維護者，是法古的模範，就更容易了解了。儒家和墨家甚至還為誰法的先王更古而發生爭論。墨家認為儒家只法周而不法夏，所以非古也。❸

在《墨子》中，曾經討論過判斷一個主張正確與否的標準問題。墨家提出了三條標準，《非命上》說：

故言必有三表。何謂三表？子墨子言曰：有本之者，有原之者，有用之者。於何本之？上本之於古者聖王之事。於何原之，下原察百姓耳目之實。於何用之？廢以為刑政，觀其中國家百姓人民之利。此所謂言有三表也。

而第一條古者聖王之事，就記載在經典之中。所以，我們看到墨家每每論及一項主張之時，總是引經據典，稱述先王如何如何。我們且舉一個例子。如《墨子‧明鬼下》論證鬼的存在且明智時說：

今執無鬼者之言曰：先王之書，慎無一尺之帛，一篇之書，語數鬼神之有，重有重之，亦何書之有哉？子墨子曰：《周書‧大雅》有之。《大雅》曰：「文王在上，於昭於天。周雖舊邦，其命維新。有周不顯，帝命不時。文王陟降，在帝左右。穆穆文王，令聞不已。」若鬼神無有，則文王既死，彼豈能在帝之左右哉？此吾所以知《周書》之鬼也。且《周書》有鬼，而《商書》不鬼，則未足以為法也。然則姑嘗上觀乎《商書》，曰：「嗚呼！古者有夏，方未有禍之時，百獸貞蟲，允及飛鳥，莫不比方。矧佳人面，胡敢異心。山川鬼神，亦莫敢不寧？」若能共允，住天下之合，下土之葆，察山川鬼神之所以莫敢不寧者，以佐謀禹也。此吾所以知《商書》之鬼也。且《商書》獨鬼，而《夏書》不鬼，則未足以為法也。然則姑嘗上觀乎《夏書》，《禹誓》曰：「大戰於甘，王乃命左右六人，下聽誓於中軍。曰：……是以賞於祖而戮於社。」賞於祖者何也？言分命之均也。戮於社者何也？言聽獄之事也。故古聖王必以鬼神為賞賢而罰暴，是故賞必於祖，而戮必於社。此吾所以知《夏書》之鬼也。故尚者《夏書》，其次商周之書，語數鬼神之有也，重又重之，此其故何也？則聖王務之。以若書之說觀之，則鬼神之有豈可疑哉？

墨家對明鬼之義的論證，不惜筆墨引用先王的言行作為證據，而先王的言行就見載於《詩》、《書》之中。而且從行文中不難看出，墨子認為，越古老的書籍，就越具權威性。

雖然墨家思想在主要的方面都與孔子和儒家對立，但若從墨子的學術淵源上論，他卻是「學儒者之業，受孔子之術」的（《淮南子・要略》）。其引經據典的論證方式也是承自於儒家的。與墨家相比，儒家並沒有一個明確的「上本之於古者聖王之事」的說法，但「祖述堯舜，憲章文武」（《禮記・中庸》）的做法則是一貫的。

孔子自稱「述而不作，信而好古」（《論語・述而》），《論語》中多見其稱頌堯舜和三代聖王的例子，以他們為理想政治的楷模。如稱贊堯是「大哉堯之為君也，巍巍乎！惟天為大，惟堯則之」（《論語・泰伯》）。舜是「無為而治者，其舜也歟！夫何為哉？恭已正南面而已矣（《論語・衛靈公》）。禹是「禹，吾無間然矣！菲飲食而致孝乎鬼神……禹，吾無間然矣！」（《論語・泰伯》）

孟子也是如此，他最推崇的是「先王之道」，《離婁》篇說：「不因先王之道者，可謂智乎？」所以《孟子》書中多見其稱引堯舜禹湯文武周公等的事跡。

孔子和孟子對古代聖王的印象，當然與經典不能分開。如孟子與弟子討論堯舜的故事，都出於《尚書》。因此，對先王的先王之道的推崇，表現在具體的論述中，就是常常引經典來說明要表達的思想。這是讀者一望便知的。

對先王的推崇，若表現在歷史觀的方面，就是對古代社會和文化的肯定。孔子把歷史文化的發展理解為一個連續的過程，在這個過程中，有損益，而無實質性的變革。他在應答弟子子張的問題時說：

> 殷因於夏禮，所損益，可知也。周因於殷禮，所損益，可知也。其或繼周者，

雖百世，可知也（《論語‧為政》）。

王朝政權的更替和轉移並不意味著文化的徹底變革，三代之禮的差別只限於一些具體的損益。由前視後，雖百世也是如此。這個想法，到漢代董仲舒的時候，就表述為「道之大原出於天，天不變，道亦不變」（《舉賢良對策》，見《漢書‧董仲舒傳》）。至於三代的變化，只是「徙居處更稱號」改正塑，易服色（《春秋繁露‧楚莊王》）等細節性的東西。這種對歷史發展連續性的信任與強調，正是其相信經典價值的重要基礎。

三、經典的解釋

無論歷史如何的連續，時間的差別以及由此導致的一系列差別，是誰也不能否認和忽視的。先王之道和經典畢竟是過去的東西，要想「執古之道，以御今之有」（《老子》），就必須把先王之道用當時的語言和觀念表現出來。這就是經典解釋的問題。如果說經典是經學的根底，那麼，經典的解釋則是經學的靈魂和生命力所在。

經典需要解釋是因為它必須面對新的環境和問題。它與當時的人們存在著時間和空間的距離，因而也就存在著心靈的距離。透過解釋可以消除這一距離感，而使古老的經典在當下的現實中仍具足夠的生命力。

在神話研究中，學者們津津樂道於中國神話的歷史化問題，而這種歷史化就是由解釋來完成的。典型的例子是孔子對「夔一足」的解釋，「夔」在神話中是個只有一條腿的神，所以說「一足」，但是，孔子卻利用漢語的歧義性，把「夔一足」理解為有夔一個人就足夠了。（《韓非子‧外儲說左下》）對於「不語怪力亂神」（《論語‧述而》）的孔子來說，進行這樣的解釋是完全必要的。

經典解釋的問題可以從如下兩個方面討論。一是解釋的方法，二是解釋的意義。解釋的方法涉及到解釋合理性的問題，而解釋的意義則牽涉到解釋目的的問題。我們先來看第一個方面。可以從一個例子開始，《論語》有一段孔子和子夏讀《詩》的記載，《八佾篇》說：

> 子夏問曰：「巧笑倩兮，美目盼兮，素以為絢兮。」何謂也？子曰：「繪事後素。」曰：「禮後乎？」子曰：「起予者商也，始可與言詩也？」

「巧笑倩兮，美目盼兮」出自於《詩‧衛風‧碩人》。本來是對一個美麗女子的描述。「素以為絢兮」句今本《詩經》所無，孔子把它解釋為素底上繪畫，子夏又進一步從中看出禮後的問題。經過這樣兩層的解釋，體會出的意義和《詩》本義之間的距離已經相當遙遠。但是，這個距離正好可以填充我們上面提到的心靈距離。問題是：這種解釋的合理性何在呢？

這就涉及到對經典本身性質的了解。為了使解釋成為可能，必須有一個將經典意義普遍化的手段，使經典從本性上來說就具有多元解釋的可能性，從而為後來的解釋提供合理性的基礎。儒家顯然意識到了這一問題，而且給了很好的答案。還是以《詩》為例，《詩大序》說：

詩有六義焉：一曰風，二曰賦，三曰比，四曰興，五曰雅，六曰頌。（孔穎達《毛詩正義》）

這六義之中，風雅頌講詩的來源和作用，如「風」是「上以風化下，下以風刺上」，「雅」是「正也，言王政之所由廢興也」，「頌」是「美盛德之形容，以其成功告於神明者也」。而賦比興則是講詩的性質和體例。賦是直接鋪陳，比是以此喻彼，興是以此興彼。其中比興是最值得留意的。它不僅是做詩的方法，也是讀詩的方法。依此種理解去讀，則詩言草木就非草木，詩言愛情也非愛情，它們的意是在言外的。

如《詩大序》在解釋原本是情詩的《關雎》時，就說是「後妃之德也，風之始也，所以風天下而正夫婦也」。《孟子・告子上》解釋「既醉以酒，既飽以德」（《詩・大雅・既醉》），就說成是「飽乎仁義也」。而最明顯的例子則見於馬王堆和郭店的《五行篇》❹，這篇共引詩十餘次，可以視為先秦儒家解詩的代表。

我們舉帛書中的一例：

「屍鳩在桑，其子七兮。淑人君子，其儀一兮。」「能為一然後能為君子，君子慎其獨。」「『燕燕』於飛，差池其羽，之子於歸，遠送於野。瞻望弗及，泣涕

> 如雨。」能差池其羽然『後能』至哀，君子慎其獨也。

這裡「屍鳩在桑」句出於《詩・曹風・屍鳩》，「『燕燕』於飛」句出於《邶風・燕燕》。《五行篇》對前者的解釋是君子應「為一」和「慎獨」，對後者的解釋是「至哀」和「慎獨」。經文和釋文之間的距離是一望便知的。但其間的聯繫也是顯而易見的，不過這種聯繫更多是文字上的，如「一」等。要由此及彼，需要一個橋梁，《五行篇》稱此橋梁為「目」「譬」「喻」。目通侔，是比的意思。譬和喻都有類似的意義，它解釋喻說：

> 喻而知之，謂之『進之』，弗喻也，喻則知之『矣』，知之則進耳。喻之也者，自所小好喻乎所大好。「窈窕淑『女，寤寐』求之」，思色也。「求之弗得，寤寐思服」，言其急也。「悠哉悠哉，輾轉反側」，言其甚『急也』。如此其甚也，交諸父母之側，為諸？則有死弗為之矣。交諸兄弟之側，亦弗為也。『交諸』邦人之側，亦弗為也。『畏』父兄，其殺畏人，禮也。由色喻於禮，進耳。

喻是由小好而喻大好。以下拿《關雎》之詩為例來說明。此詩本是表現男女愛情的詩，《五行》認為，讀詩之時，應該由此表面的東西更進一步，進到禮的層次。就像是前引子夏和孔子讀詩那樣。

這就涉及到經典讀法的問題。其實，解釋的方法與讀書的方法是一致的。對於同一個對象，如何去讀，就決定了如何去解釋。反之亦然。儒家之讀經典，向來不主張做經典的奴隸，而是要求讀者有自己的用心。如孟子的讀詩，就要求「不以文害辭，不以辭害義。以意逆志，是謂得之」（《孟子・萬章上》）。意既是作者的用意，也是讀者的用意，用心。這樣讀書，就可以超越表面，直接深入到經典的本質中去。

另外，馬王堆出土的帛書中，有一些近似於《易傳》的作品，其中的《要》，曾經論到孔子讀《易》的方法：

> 子曰：易，我復其祝卜矣，我觀其德義耳也。幽贊而達乎數，明數而達乎德，又仁者而義行之耳。贊而不達於數，則其為之巫；數而不達於德，則其為之史。史巫之筮，鄉之而未也，好之而非也。後世之士疑丘者，或以易乎？吾求其德而已，吾與史巫同途而殊歸者也。❺

孔子是在弟子質疑他為什麼喜歡《周易》時講這番話的。在弟子看來，《周易》是一部相信神靈的卜筮之書，因此，對老師的做法表示不解。但孔子認為，對待《周易》這部書，巫史有巫史的讀法，他自己則有自己的讀法。巫史看的是卜筮，孔子看的是德義。讀法不同，其所理解的經典意義也就不同。

解釋方法是討論如何解釋經典的。而在經典解釋問題中，最重要的一個方面是解釋的目的，即解釋者想從經典中引申出什麼，或者想向經典中灌注些什麼。這就是我們剛剛提到的讀者的用心。

引申和灌注是不同的，前者更多的考慮經典本身的內容和特點，並在此基礎上進行解釋。而後者則更多的把解釋者的意圖強加於對象之中，在這種情況下，解釋對象看起來更像是一個工具。當然，儘管我們關於引申和灌注可以做這樣的分別，但在大部分情形之下，二者其實是結合在一起的，這兩個過程完全可以統一起來。

解釋目的的不同直接導致對同一個對象有不同的了解，在先秦，典型的是儒墨兩家對於經典的解釋，由於兩家的主張迥異，因此，對於同樣的對象，往往可以產生完全不同的印象。韓非在《顯學篇》中曾經有這樣的說法：

> 世之顯學，儒墨也。儒之所至，孔丘也；墨之所至，墨翟也……孔子墨子俱道堯舜，而取捨不同，皆自謂真堯舜，堯舜不復生，將誰使定儒墨之誠乎？

韓非這裡提出的是一個典型的解釋問題。就儒家和墨家而言，他們所依據的關於堯舜的材料很多是相同的，主要都是《尚書》中的記載，但得出的結論卻是非常不同的。儒家的堯舜被看作儒家理想的實踐者，而墨家的堯舜則是墨家思想的代言人。在韓非看來，這種情形證明任何一家關於堯舜的說法都是不能相信的，因而效法先王之道就成為一種愚蠢的做法。他說：

> 殷周七百餘歲，虞夏二千餘歲，而不能定儒墨之真，今乃欲審堯舜之道於三千歲之前，意者其不可必乎！無參驗而必之者，愚也。弗能必而據之者，誣也。故明據先王，必定堯舜者，非愚則誣也。（《韓非子・顯學》）

韓非的批評完全是針對儒墨不能了解古代的真相來說的。但解釋的問題並不完全是一個事實的真相的問題，一個純粹知識的問題，而是一個意義的問題。從這個角度講，韓非的批評只有部分的道理。

以上提到儒墨兩家，只是要說明解釋的目的對解釋的影響，它本身並不是我們這裡主要討論的問題。因為，經學是以儒家為主發展出來的。在其他學派看來，經典與儒家是不可分割的，譬如前面提到的《天下篇》。漢代人對儒家的概括也突出這一點，司馬談《論六家要旨》說「儒者以六藝為法」（《史記‧太史公自序》），班固在《漢書‧藝文志》說儒家「游文於六經之中，留意於仁義之際」。所以，我們討論經典的解釋是在儒家的範圍之內的。

就儒家而言，其解釋經典的目的是非常明顯的，就是要在解釋過程中把其核心的主張注入到經典中去。譬如說「仁義」是儒家最核心和最有特色的觀念，所以，它在解釋任何一部經典時，都要想盡辦法重點發揮這兩個字，譬如我們讀《易傳》時，會讀到「立人之道曰仁與義」（《說卦傳》）；讀《五行篇》這個解釋《詩經》的作品時，也可看到「仁義」是所謂「五行」中的二行。這就像我們前面引到的郭店楚墓竹簡《六德》所說：「仁義忠信聖智」這「六德」，《詩》、《書》中有，《禮》、《樂》中有，《易》、《春秋》中也有。當然，事情的真相是，與其說「六經」中已經包含了這些德目，毋寧說是儒者想把「六德」灌注到「六經」中去。

此外，我們還應注意經典本身內容對解釋的影響。從先秦和漢初的情形看，由於經典本身的內容不同，各有各的特點，因而在解釋過程中，儒者也注意從不同的經典中發揮不同的主題。譬如《詩經》的詩以言志為主，所以，對《詩經》的解釋就更偏重在心的方面。《尚書》以政治文件為主，對《尚書》的解釋就主要闡發儒家的政治哲學。《周易》本卜筮之書，根據天意來預知人事，所以，對《周易》的解釋就主要發展儒家的天道思想。

這樣的做法使得對經典的解釋在儒家的範疇之內，還保持了一些多樣性。當時人對這一點認識的非常清楚，所以，才有像《莊子》和郭店楚墓竹簡中的概括。類似的說法在《荀子》、《禮記》、《淮南子》和《史記》、《漢書》等都可以看到。但是，這種多樣性互相配合，正構成了一個整體。如《史記・滑稽列傳》所說：

> 六藝於治一也。《禮》以節人，《樂》以發和，《書》以道事，《詩》以達意，《易》以神化。《春秋》以義。

《漢書・藝文志》也說：

> 六藝之文，《樂》以和神，仁之表也；《詩》以正言，義之用也；《禮》以明體，明者著見，故無訓也；《書》以廣聽，知之屬也；《春秋》以斷事，信之符也。五者蓋五常之道，相須而備，而《易》為之原。

《史記》與《漢書》的說法雖然角度不同，但在指出「六經」特性的同時，都強調它們的相須為用。這種認識，一方面是對從先秦到漢初經典解釋結果的一個概括，另一方面也為儒家借經典從各方面來闡發其主張奠定了基礎。

【註釋】

❶ 參見《郭店楚墓竹簡》，文物出版社，一九九八年。

❷ 此處文字的排序請參考李零《郭店楚簡校讀記》，載《道家文化研究》第十七輯，生活、讀書、新知，三聯書店，一九九九年，第五百三十三頁。

❸ 詳見《墨子・公孟篇》「子墨子曰……且子法周而未法夏也，子之古非古也。」

❹ 馬王堆《五行篇》釋文請參看《馬王堆漢墓帛書》（壹），文物出版社，一九八〇年。郭店《五行篇》釋文請參看《郭店楚墓竹簡》，文物出版社，一九九八年。

❺ 《道家文化研究》第三輯，上海古籍出版社，一九九三年，第四百三十五頁。

第一章　《易傳》的形成和編纂

「易傳」在古代有廣和狹兩種意義。廣義的「易傳」是解釋《周易》的作品的通稱，我們打開《漢書・藝文志》，在「六藝略」《周易》部分中，可以看到《王氏易傳》、《周氏易傳》、《楊氏易傳》、《韓氏易傳》等眾多以「易傳」命名的著作，一直到後世也是如此。這些都屬於廣義的「易傳」。就其本義而言，傳是流傳、傳遞的意思。《釋名》解釋「傳」字說：「傳，傳也，以傳示後人也。」傳遞當然要有傳遞的對象，這對象一般說來就是經。而在傳遞的過程之中，要讓後人明白的話，總要進行解釋和說明，所以，傳可以說是解經的著作。

古人有「聖經賢傳」的說法，見王充《論衡》「聖人作其經，賢者造其傳」（《論衡・書解》）。此種意義的「傳」字戰國時期已經使用，《孟子》中三次引用「傳」的話，《荀子》中更達到十一次。至於最早使用「易傳」一詞的，如果《戰國策》是可以依據的史料，那麼，與齊宣王同時的顏斶就曾經提到過。《齊策四》記他的話：

> 是故易傳不云乎：居上位，未得其實，以喜其為名者，必以驕奢為行。據慢驕奢則凶從之。

這說明「易傳」之名在戰國中期已經出現。

不過本書討論的「易傳」是在狹義上使用的。狹義的《易傳》只指相傳是孔子所作的《彖傳》、《象傳》、《繫辭傳》、《文言傳》、《說卦傳》、《序卦傳》和《雜卦傳》這七種，其中前面三種因為隨經文分成上下篇，所以共是十篇。於是，漢代人作的《易緯・乾坤鑿度》中就稱它們為「十翼」。「翼」的原義指鳥的翅膀，是幫助鳥飛行的，因此引申有輔翼、輔助的意思。「十翼」是說十篇輔助了解《周易》的作品。以下，我們先就有關《易傳》的一些一般性的問題做些交代。

一、從《周易》到《易傳》

《易傳》當然是解釋《周易》的作品。從名義上來說，「周」指周代，與《周書》、《周禮》的「周」是一個意義。而「易」字，應該與它占筮之書的性質有關。古代有以「易」為名的官員，是負責卜筮的。所以《周易》即周代的卜筮之書。當時的占筮之書不只《周易》一種，據《周禮》記載，太卜掌握著三種占筮的方法，相應地就有三種書籍，號稱「三易」。一種叫《連山》，一種叫《歸藏》，還有一種就是《周易》。

《周易》一書，舊說認為是周文王所作，應該是依托，並不可信。根據現代人的研究，該書中包含有周文王以後的故事，所以不可能是文王的作品。譬如晉卦卦辭是「康侯用錫馬蕃庶，晝日三接」，康侯指武王的弟弟，他的被封為康侯是克殷以後之事，此時文王早已故去❶。之後，屈萬里曾撰文論證卦爻辭作於周武王時，可以參考❷。較多的學者認為，《周易》書最可能成於西周時期的卜史之手，是一部在既有筮辭的基礎之上，經編輯加工而成的作品。

與其他的經典相比，《周易》一書的結構有其獨特性。首先，它的構成單位是卦，全書共包括六十四卦，以乾坤兩卦為首，到既濟未濟兩卦結束。其次，它不僅有文字，而且有象，並且象是最重要的部分。象有卦象和爻象的區別，相應的，文字也有卦辭和爻辭的區別。繫在卦象之後的叫卦辭，繫在爻象之後的叫爻辭。我們舉乾卦為例作簡單說明。《周易》中乾卦的形式是這樣的：

䷀乾：元亨，利貞。

初九：潛龍勿用。

九二：見龍在田，利見大人。

九三：君子終日乾乾，夕惕若，厲無咎。

九四：或躍在淵，無咎。

九五：飛龍在天，利見大人。

上九：亢龍，有悔。

用九：見群龍無首，吉。

乾是卦名，《周易》中每個卦都有一個名字。乾之前的䷀是卦象，可以發現，它是由六個「—」組成。「—」稱奇畫或陽爻，與之相對的還有「--」，稱偶畫或陰爻，它們是構成《周易》六十四卦卦象的兩個基本符號。每一卦都由六個爻組成，這六個爻從下到上，稱初，二，三，四，五和上。《周易》對陰陽爻也有不同的稱呼，陽爻稱九，陰爻稱六。所在初位的陽爻稱初九，二位的陽爻稱九二，如果是陰爻的二位，就稱六二，在初位，則稱初六。初六，初九等是表明一個爻在卦中的位置和性質的，叫爻題。爻題的出現較晚，春秋時期還沒有，應該是在戰國以後。乾之後的「元亨利貞」是卦辭，初九到上九後面的文字是爻辭。用九是乾卦特有的，與此類似的還有坤卦的用六，這與乾坤兩卦都全部由陽爻和陰爻組成以及《周易》的筮法有關。用九和用六不是爻題，它們後面的文字也不是爻辭。

《周易》這種特殊的結構，與其卜筮之書的性質有關。卜筮的實質，簡單地說，就是透過一定的方式去了解天或鬼神的意思，從而預測吉凶。不管這些方式如何不同，象都是其中的重要因素。譬如占星術要透過天象，龜卜要透過灼龜之後的兆象，物占也要透過各種物象。占筮也需要象，這就是卦爻象。因此，卦爻象最初只是預測吉凶的符號。但是，卦爻象與其他的象相比，有其自己的特點。

第一，其他的象基本上都是天然形成的，而卦爻象則是人設之象。占筮用的材料蓍草本身並不含有任何象的因素，它必須經由人的複雜運算之後，才能產生出象。這裡面人的因素對占筮結果的影響明顯突出了。

第二，在由蓍草確定象的過程中，數學運算和數字起了決定性的作用。所以古人有「龜象也，筮數也」（《左傳・僖公十五年》）的說法。數學運算和數字的一個重要特點在於它的確定性，這就決定了占筮過程的合理性。即占筮不是一個隨意的操作，而是一個包含著理性程序的過程。

第三，卦爻象的最基本組成單位能夠簡約為陰陽二爻，其他卦象都是此陰陽爻不同組合的產物，這就在卦象之間建立起了本質的聯繫，使之成為一個象的系統。

第四，卦象同時還是很多自然物象的象徵，如乾象天、坤象地等，這樣，由卦象推論人事吉凶，本身就包含著推天道以明人事的意義在內。

與卦爻象的特點相應，說明卦爻象的卦爻辭，若與卜辭比較的話，也有明顯的不同。首先，由於卦爻象呈現出明顯的系統性，因此，卦爻辭的編排也有明顯的秩序。一卦六爻的爻辭往往具有某種聯繫，如上引乾卦爻辭，自下爻而上爻，分別由潛龍到飛龍，最後是亢龍有悔，整齊有序。這種秩序中同時包含著作者體悟出的哲理。

其次，卦爻辭經常出現人道教訓的內容，如泰卦九三爻辭「無平不陂，無往不復，艱貞無咎」，家人卦九三爻辭「家人嗃嗃，悔厲吉。婦子嘻嘻，終吝」等。這些內容實際上是生活經驗的總結。

再者，卦爻辭中經常以自然事物來說明人事，如乾卦爻辭中的龍就是自然事物，「勿用」，「利見大人」等就是人事。此種情形非常多，這實際上表現出作者把自然事物和人事一起思考的傾向。

卦爻象和卦爻辭上述的特點，一言以蔽之，就是其中包含著人類大量的理性思考和智慧結晶。所以，用《周易》占筮在形式上雖然是非常神秘的，但在具體的占筮行為中，卻可能表現出很強的理性傾向。另外，這種特點使得卦爻象和卦爻辭在一般的卜筮功能之外，也具有獨立的價值。從《左傳》和《國語》所記春秋時期人們使用《周易》的情形來看，大多數還是用於占筮的目的，卜史之官根據《周易》的卦象或卦爻辭推斷事情的吉凶。但是，也有少數的例子說明，此時已經有人在占筮之外，直接根據卦爻辭以及卦象來闡明為人做事的道理。譬如魯宣公十二年晉國的知莊子引師卦初九爻辭「師出以律，否臧凶」，說明晉師必敗。他說：

> 執事順成為臧，逆為否，眾散為弱，川壅為澤。有律以如己也，故曰律。否臧且律竭也。盈而以竭，夭且不整，所以凶也。

這是直接由引用和解釋爻辭的意義來闡明師必敗的道理，沒有任何神秘的氣息。又《左傳・襄公二十八年》記載鄭國的子大叔說：

> 楚子將死矣，不修其政德，而貪昧於諸侯，以逞其願，欲久得乎？《周易》有之，在復之頤曰：「迷復凶」。其楚子之謂乎！欲復其願，而棄其本，復歸無所，

是謂迷復，能無凶乎？

此處所引為復卦上六爻辭，子大叔透過對它的解釋，直接說明楚子的行為會導致凶的結果。以上兩例表明爻辭在當時已經可以完全脫離占筮的形式，而具有獨立的價值。同時，也有直接引用卦象的例子，《左傳・昭公三十二年》記史墨的話：

社稷無常奉，君臣無常位，自古以然。故《詩》曰：「高岸為谷，深谷為陵」。三後之姓，於今為庶，主所知也。在易卦，雷乘乾曰大壯，天之道也。

這裡引用大壯卦的卦象說明「社稷無常奉，君臣無常位」的道理，與其占筮的一面完全無關。

以上幾個例子說明，在春秋時期，《周易》已經開始逐漸擺脫占筮的形式，而發展其自身就包含著的理性化因素。其實，即便在占筮的形式之下，理性的精神也在發展。這一點，我們可以從春秋時期的筮例看到。譬如《左傳・昭公二十年》記載：

南蒯之將叛也……枚筮之，遇坤之比，曰：「黃裳，元吉」。以為大吉也。示子服惠伯曰：「即欲有事，何如？」惠伯曰：「吾嘗學此矣。忠信之事則可，不然必敗。外強內溫，忠也。和以率貞，信也。故曰：『黃裳，元吉』。黃，中之色也。裳，下之飾也。元，善之長也。中不忠，不得其色。下不共，不得其飾。事不善，不得其極。外內倡和為忠，率事以信為共，供養三德為善。非此三者弗當。且夫易不可以占險。將何事也？且可飾乎？中美能黃，上美為元，下美則裳。參成可筮，猶有闕也，筮雖吉，未也。」

這個筮例中包含著兩種對《周易》的態度，一種是筮人和南蒯的，另一種是子服惠伯的。前者只注意卦爻辭中的吉凶判斷，而後者則對這種吉凶加以條件的限制，進行解釋。在這個解釋過程中，理性的因素被大大突出了。如子服惠伯對黃裳的解釋，就把它和臣子的忠信之德聯繫起來。臣子有忠信之德則吉，無忠信之德就不吉。他所說「易不可以占險」，也是對《周易》的新理解。特別是最後提到的「筮雖吉，未也」，實際上具有否定占筮的意義，而把人的行事吉凶完全歸於德行的方面。與此類似的還有穆姜對隨卦卦辭「元亨利貞」的解釋等（詳見《左傳・襄公九年》）。在這些例子中，《周易》儘管在形式上還是占筮性的，但事實上占筮已經成了一個空架子，裡面充滿的是德義的內容。這裡明顯可以看出《周易》向理性方向發展的趨勢。

這種趨勢到了孔子那裡，表現的更加明顯。《史記》中說孔子「晚而喜《易》……讀《易》，韋編三絕」（《孔子世家》），馬王堆帛書《要》也有類似的說法，並以「居則在席，行則在囊」[3]形容。

但孔子讀《周易》的態度與一般人不同，他完全不把它當卜筮之書看待，《論語》中曾經記載下孔子的一句名言「不占而已矣！」（《論語・子路》）不占就是不用《周易》占筮，這為後世儒門易學奠定了方向。根據《論語》的記載，孔子引用過恆卦九三爻辭「不恆其德，或承之羞」（《論語・子路》），來說君子做事當恆其德的道理。這完全是根據卦爻辭來引申哲理，沒有絲毫的占筮氣息。這種讀易的態度，為《易傳》的寫作奠定了基礎。

二、《易傳》的年代和作者

依照古來的說法，《易傳》十篇都出於孔子之手。司馬遷在《史記‧孔子世家》中說孔子「序彖繫象說卦文言」，這裡還沒有提到十篇。到了《易緯‧乾坤鑿度》，便說仲尼「五十究易，作十翼明也」。班固在《漢書‧儒林傳》中說孔子「蓋晚而好易，讀之韋編三絕，而為之傳」，在《漢書‧藝文志》中更明確地說：「孔氏為之彖象繫辭文言序卦之屬十篇」。自漢之唐，這種說法一直為儒者所信從。其間有人也許起了一點疑心，如韓康伯說《序卦》非易之蘊，但也不說它非聖人所作。到了宋代，隨著疑古之風興起，孔子作十翼的說法才招致明確的懷疑。首先是歐陽修著《易童子問》，以《繫辭》、《文言》、《說卦》以下皆非孔子所作，並謂「眾說淆亂，亦非一人之言也」，只給孔子保留了《彖傳》和《象傳》兩種。之後論者甚多。其間經過崔述等的努力，證據越提越多，因此，懷疑十翼孔子作的人也越來越多。

到了現代，以《古史辨》學派為代表，更總結歷史上的各種說法，對《易傳》的問題進行了系統的研究，形成了一些共同的看法。這些共同的看法包括：《易傳》十篇都非孔子所作，而是出於儒家後學；它們也不是一人一時的作品。當然，具體到《易傳》各篇的寫作年代，學者間的看法並不一致。有以《易傳》各篇主要作於戰國時期，也有以之主要作於秦漢之際和漢初的。

從近年的情形來看，受最近幾十年考古發現的鼓舞，關於《易傳》年代的研究，又出現了新的傾向。總的來說，是將《易傳》的寫作年代提前，甚至又回歸到傳統上孔子作的說法。這些年的考古發現，在很大程度上衝擊了現代疑古的思潮，證明疑古派的許多結論都是錯誤的。典型的如關於《孫武兵法》和《孫臏兵法》的問題，古人認為是兩部書，《古史辨》的很多學者則認為是一部書。隨著二十世紀七〇年代山東臨沂銀雀山漢墓中同時發現了這兩部書籍，證明傳統的說法是正確的，而《古史辨》派學者的看法則是不正確的。

從這些，我們固然可以質疑疑古派的一些主張，甚至他們的出發點。但是，這些個別的例子能否從根本上否定疑古的合理性，其實是很值得懷疑的。而當對疑古的否定一變而為信古的態度時，就更值得懷疑了。我們需要的是對歷史的合理解釋。

就古書年代的問題來說，我們站在今天來討論它，多多少少都要帶上時代的偏見。譬如著作權的概念，在較古的時候是沒有的。那時候的人寫出來的東西，很多都不署名字，即便署名，也未必是筆者自己的，常常是依托了某一個聖人名人，以提高該書的權威性，使之能廣為傳播，為世主所用。當時的人對這種現象是很熟悉的。《淮南子・修務訓》曾說過這樣的話：

世俗之人多尊古而賤今，故為道者必托之於神農黃帝而後能入說。

我們現在看到的許多以黃帝神農為名的書籍，應該就屬於這一類。這篇中還說到：

今取新聖人書，名之孔墨，則弟子句指而受者必眾矣。

這應是作者看到當時及之前有人依托孔子和墨子來著書而發的感想和議論。這種情形說明，很多題名孔子、墨子的作品，未必便是他們自己所作，而是出於後人之手。它也說明，對古書作辨偽的工作，是有一定意義的。

但是，對依托這個現象，我們的認識也不能過於簡單，以為這書和被依托的人之間一點關係也沒有。依托的情形可能有好幾種，有的是依托自己的祖先，有的是依托某種知識或技術的發明者，有的是依托本學派的創始者，也有的只是依托聖賢而已。

這裡最值得注意的一種情況是，有些內容在經過了幾代的口耳相傳之後，被記載下來。對於記載者來說，把作者說成是祖師似乎是再自然不過的事情，但是，對於一個歷史研究者來說，又如何來處理這樣的情形呢？

我們現在越來越能了解的一個事實是，古代很多書籍的形成都經歷了一個或長或短的過程❹。某本書中的某些篇可能寫作較早，某些篇可能很晚。譬如《管子》，很明顯其中「經言」的部分比較早，「解」的部分比較晚。也可能此書曾經以不同的樣子流傳過，如劉向校《管子》書時提到的不同篇數的傳本。也可能書中的某一篇中某些內容形成較早，之後又補充了一些東西。如《禮記》中的《中庸》這一篇，很多學者都說可以分成早晚不同的兩部分。對待這種複雜的情況，我們在考查某本書和某一篇寫作年代的時候，就應該清楚地意識到，我們指的是它的起點還是終點。即其開始寫作的年代，還是其最後定型的年代。不同的觀察角度會導致非常不同的結論。

就《易傳》而言，如前人已經指出過的，並非一人一時之作，而且它們最初也不是一個整體。一般的看法，以《彖傳》的寫作最早，其次是《象傳》，然後是《繫辭傳》，《文言傳》，《說卦傳》，《序卦傳》和《雜卦傳》。這十篇的內容和體例也很不同，《彖傳》和《象傳》是逐卦解經，《繫辭傳》則是通論《周易》大義，《文言傳》只限於解釋乾坤兩卦，《說卦傳》則主要論述八卦的意義，《序卦傳》陳說六十四卦排列的理由，《雜卦傳》則將六十四卦兩兩相對，敘述其意義。因此，要研究《易傳》的年代和作者，首先要了解的是，它並沒有一個統一的作者，所以，我們應該一篇一篇的分開討論，另外，對每一篇本身也要做更具體的分析。

依照這樣的說法，我們來看傳統上孔子作《易傳》的主張，當然是不對的。不過，它也不完全是空穴來風。因為一直到漢初的易學家們，都還是把自己的學術淵源追溯到孔子那裡的。《史記・仲尼弟子列傳》記載：

孔子傳易於商瞿，瞿傳楚人馯臂子弘，弘傳江東人橋子庸疵，疵傳燕人周子家豎，豎傳淳于人光子乘羽，羽傳齊人田子莊何，何傳東武人王子中同，同傳菑川人楊何。

後來的《漢書・儒林傳》也有大同小異的記載。與其他經典的傳授情形相比，這個易學的傳授譜系非常清楚，每個人的姓氏名字都標於其上，再加上商瞿這個人在孔子弟子中是個無名之輩，所以很多人懷疑它的準確性，認為是出於後人的編造。不過，如果考慮到《周易》因為本是卜筮之書的緣故，在秦始皇焚書坑儒的時候未受任何影響，以故「傳者不絕」（《漢書・藝文志》語），那麼，這個譜系也許還是值得重視的。特別是，記載這個譜系的司馬遷的父親司馬談，曾經學易於楊何，而楊何本身就出現在這個譜系之中。那麼，這個譜系就具有了更大的可靠性。至少這是漢代易學家們自己認同的看法。

在這個傳授譜系中，田何的地位是比較特殊的。他上承戰國，下啟西漢，是一個關鍵性的人物，漢代的正統易學雖分成數家，卻都認田何為他們的祖師。譬如後來被列為學官的施讎、孟喜、梁丘賀，就都是田何的三傳弟子。而從目前知道的情況來看，《易傳》最終形成「十翼」的系統，正是完成在施孟梁丘三家之時。

《易傳》與這個傳授譜系的關係是顯而易見的。實際上，《易傳》孔子作的說法清楚的表明它應該出於田何所在的系統。因為正是田何的弟子才開始把《易傳》抬到經的位置上。所以，關於《易傳》主要部分的作者，雖然我們不能肯定是哪一個人，但是一定與這個譜系有關。以前，高亨先生曾經推測《彖傳》、《象傳》與馯臂子弘和橋子庸疵有關，因為二者一是楚人，一是江東人，而《彖傳》、《象傳》的韻文正具有南方的特點❺。這個思路就是從孔子之後的易學傳承譜系中去尋找《易傳》的作者，應該是正確的。當然，《彖傳》、《象傳》是否與馯臂子弘和橋子庸疵有關，還值得進一步考慮。而作者無論是誰，只要他屬於這個譜系，那麼把著作權歸於孔子，也不是一點沒有道理。因為在他們看來，他們解釋《周易》的原則是承自於孔子的，他們要注入到《周易》中的思想也主要與孔子有關。

這樣說來，我們恐怕要提出一個「集體作者」的說法。也就是說，即便《易傳》中的某些篇是由一個人寫定的，但他只是一個執筆者，是作者之一。實際的創作過程則可能是由幾代人共同完成的。因此，這幾代人都可以說是作者。譬如，我們假設其中一篇為田何寫定，這並不意味著其中的思想主要是田何的，也許主體部分都來自於他的老師，或者老師的老師，只是以前沒有形諸文字而已。這個時候，當寫定者將該作品的著作權歸之於老師和老師的老師時，在當時人看來，這應該是非常合理的作法。當然，這同時也意味著，這個作品並不是由題名者本人寫定的。

有了上述的一些觀念，我們對《易傳》作者的認識就要開放的多。我們也會了解，即便孔子自己沒有寫作《易傳》，但他作《易傳》的說法也有其部分的合理性，只是我們不要用現代的著作權概念去限定它。這種靈活的了解並不是說拒絕提供一個較確定的東西。實際上，在我看來，任何時候，確定一篇文獻和一個作品的寫定者，即它的定型時間，都是非常重要的。對於《易傳》來說，就更是如此。所以，在以後各傳的具體論述之中，我將盡量給讀者一個較全面也較確定的年代印象。

三、《易傳》的編纂

對於《易傳》來說，除了作者的問題之外，還有一個編纂的問題。即由什麼人，在什麼時候將這七種文獻編成一體。這就像「六經」一樣，六本書原來已是有的，但它們構成為「六經」的系統，卻又經歷了一個過程。

關於《易傳》的編纂，我的一個基本看法是，它是在眾多易說的基礎上，由漢武帝到宣帝時期的博士，編輯加工而成。我們現在知道《易傳》十篇是完成在施、孟、梁丘三家之手，其主要內容，當然是田何系統所傳授的東西，但其中也有很多其他易學傳統的素材。譬如馬王堆帛書易說所代表的易學傳統。

我們首先應了解的是，戰國到秦漢間解釋《周易》的作品是很多的，所謂《易傳》只是其中的一部分。西晉太康年間，在汲郡可能是戰國中期魏襄王的墓中，曾發現過與今傳本相同的《周易》上下篇，以及幾種解易的文獻，其中一篇「似《說卦》而異」，其他幾篇都與《易傳》無關。前引《戰國策》中所記顏斶稱「易傳」的文字也不見於《易傳》之中，應該屬於另外的解易作品。馬王堆漢墓帛書中有《二三子問》、《易之義》、《繫辭》、《要》、《繆和》和《昭力》諸篇，其中《繫辭》與《易傳》中的《繫辭傳》略同，但缺少一些內容，而這些缺少的內容又部分地見於《易之義》中。《易之義》中同時還有《說卦傳》裡的部分文字。其他各篇則與《易傳》無關。

以上所說可以看出解易作品的多樣性，而且，這些肯定不是當時易說的全部。譬如漢初好幾部書中都稱引的「易曰：失之毫厘，差以千里」，就不見於上述文獻以及《易傳》之中。值得注意的是，汲冢竹書和馬王堆帛書與《易傳》的複雜關係。它對於我們了解《說卦傳》和《繫辭傳》的形成和流傳，以及《易傳》的編纂，都是極有意義的。它表明，《易傳》可能是融合不同易學傳統的產物。

汲冢竹書和馬王堆帛書中的易說實際上代表了《周易》流傳和解釋的不同傾向和不同派別。前者更傾向於占筮，其中有一篇更把《左傳》中的易說全部收集起來，其類似於《說卦傳》的那篇也應該是為了卜筮的目的。而馬王堆帛書易說則反對卜筮，主要是德義性的。它們可能是某一派學易者自己創作的作品，也可能是本著德義的原則，對當時流傳的易學文獻做的一個選編。並且，這些易說顯然也以孔子為依歸，所以，有幾篇都是依托孔子和他的弟子。從宗旨上來說，馬王堆帛書易說與《易傳》是類似的。但是這並不意味著馬王堆帛書易說與漢代正統的田何易學屬於一個譜系。相反，它們本可能屬於儒家易學不同的傳承系統。但在稍晚的時候實現了綜合。

最能體現田何系統與帛書系統關係的是《繫辭傳》。如上所述，《繫辭傳》的主要內容也見於帛書之中。那麼，這兩個版本的《繫辭傳》之間是什麼關係呢？是一先一後的前後承繼，還是同時異地的流傳？如果是一先一後的前後承繼，又是誰在先，誰在後？這個問題的理解對認識《易傳》的編纂過程，是至關重要的。我在以前寫過的文章中曾經討論這一問題，基本的看法是，今本《繫辭傳》是在帛書易說的基礎之上，又融合了其他一些內容之後形成的❻。這就意味著，《繫辭傳》的主體部分來自於田何系統之外，是田何系統整合西漢初期流傳的各種易說的結果。

其實，不只是《繫辭傳》，《易傳》中還有一些篇原本與田何系統並無直接的關係。《易傳》應該是在田何系統傳承的易說之上，又融合了像帛書易說等不同的解易文獻之後形成的。田何系統的易說，最初可能是以《彖傳》、《象傳》為根本。《繫辭傳》是糅合帛書易說的產物，《說卦傳》的來源可能更豐富，與汲冢竹書和馬王堆帛書以及《彖傳》、《象傳》等都有關係。這些篇在司馬遷作《史記》的時候已經形成一個整體，所以《孔子世家》中列了它們的名字。最後融入《易傳》的應該是《雜卦傳》，王充《論衡・正說篇》說：

> 孝宣皇帝之時，河內女子發老屋，得逸《易》、《禮》、《尚書》各一篇，奏之。宣帝下示博士，然後《易》、《禮》、《尚書》各益一篇。

宣帝之時，正是施孟梁丘列於學官的時代，當時的博士，就是指他們而言。從《漢書・藝文志》列「《易經》十二篇，施孟梁丘三家」來看，《易傳》十篇的規模應是在他們手上就確定了的。而且後來沒有改變過。這樣，河內女子發老屋所得，後來被增益到《易》中的那篇，肯定是在十篇之中。這十篇之中，司馬遷沒有提到的只有《序卦傳》和《雜卦傳》。由於《序卦傳》曾經被《淮南子》徵引過❼，所以，這一篇就應該就是《雜卦傳》。《雜卦傳》的出現，標誌著《易傳》編纂的完成。

【註釋】

❶ 參見顧頡剛《周易卦爻辭中的故事》，原載《燕京學報》第六期，一九二九年十二月。後收入《古史辨》第三冊。

❷ 屈萬里《周易卦爻辭成於周武王時考》，臺灣大學《文史哲》學報第一期，一九五〇年六月。

❸ 《道家文化研究》第三輯，上海古籍出版社，一九九三年，第四百三十四頁。

❹ 關於此問題的討論，請參考李零先生的有關論述，《李零自選集》，廣西師範大學出版社，一九九八年。

❺ 見高亨《周易大傳今注》，齊魯書社，一九七九年，第七頁。

❻ 王博《從帛書〈易傳〉看今本〈繫辭〉的形成過程》，《道家文化研究》第三輯，上海古籍出版社，一九九三年。

❼ 《淮南子・繆稱訓》稱：「故《易》曰『剝之不可遂盡也，故受之以復。』」此文與今《序卦傳》。「物不可以終盡剝，窮上反下，故受之以復。」類似，學者多以為《淮南子》稱引《序卦傳》。

第二章　《彖傳》

在《易傳》中，《彖傳》主要解釋《周易》六十四卦的卦辭，有時也涉及到卦名。「彖」字的意義，主要是指卦辭而言，偶爾也包括爻辭在內。《繫辭傳》中經常以「彖」和「爻」對舉，這時的彖指卦辭，爻指爻辭。不過，在有一個地方，繫辭傳使用「彖辭」的概念，明顯是指爻辭。我們以後討論《繫辭傳》的時候會提到。

至於為什麼卦爻辭可以用「彖」來稱呼，南北朝時的劉瓛認為「彖者，斷也」❶，斷是斷定。就是說，卦爻辭是斷定一卦和一爻意義的，所以稱「彖」。這個說法也可能源於《繫辭傳》「彖者材也」的說法，材通裁，是裁定的意思。因此，《彖傳》的得名，應該是由於它主要解釋卦辭的緣故。

《彖傳》隨經文分成上下兩篇。我們現在看到的《周易》版本，一般在卦辭後面有「彖曰」一段文字，這就是《彖傳》的內容。原本《彖傳》（以及《象傳》《文言傳》）是單獨流傳的，並不附在卦辭之後。

為了閱讀的方便，從東漢的馬融（有人說鄭玄）開始，就把《彖傳》的內容打散，逐卦附在卦辭之後，以後這一習慣便沿襲下來。

一、《彖傳》的作者和年代

在《易傳》各篇的排列中，從司馬遷開始，《彖傳》一直被放在最前面。排列順序本來是沒有創作先後意義的，因為傳統的說法認為《易傳》都出於孔子，並沒有先後之分。也許出於巧合，現代學者中，大部分人認為這排名最先的《彖傳》也是《易傳》中最早寫定的作品，其他各篇都有晚於《彖傳》的跡象。

不過這最早的《彖傳》出於何時，也是一個很有爭議的問題。高亨曾將它和《象傳》一起考察，而有如下的說法：

> 《彖傳》多有韻語，《象傳》中之爻象傳皆是韻語。我對此曾加以研究，知其韻字多超越先秦時期北方詩歌如《易經》卦爻辭及《詩經》等之藩籬，而與南方詩歌如《楚辭》中之屈宋賦及老莊書中之韻語之界畔相合。先秦時期，尚無韻書，作者行文押韻，皆根據其方言讀法，出於自然，非由矯作，然則《彖傳》、《象傳》之作者必皆是南方人。考《荀子·非十二子篇》、《儒效篇》、《非相篇》均以仲尼與子弓並稱，譽為「聖人」、「大儒」。《史記·仲尼弟子列傳》記孔丘傳易於魯人商瞿，瞿傳楚人馯臂子弘，弘傳江東人矯疵。《漢書·儒林傳》子弘作子弓，矯疵作橋疵。《史記索隱》及《正義》均謂馯臂子弓即《荀子》書中的子弓。則

《彖傳》可能是馯臂子弓所作，《彖傳》可能是矯疵所作。❷這裡注意到用韻的問題，是值得重視的。馯臂子弓是孔子的再傳弟子，從時代上說，應是戰國早期。高亨以子弓為《彖傳》的作者，即以《彖傳》作於戰國早期。李鏡池的看法則與高亨相距甚遠，在他看來，整個《易傳》的寫作，都在秦朝焚書坑儒之後，因為當時詩書禮樂都不能講了，所以，儒者只好拿《周易》來做傳播思想的工具，這樣才有《易傳》的出現。《易傳》中《彖傳》最早，但也是秦漢之間的作品。所以，其中有受孟子和道家影響的明顯跡象。❸

以上所說高亨和李鏡池的主張可以說代表了現當代關於《彖傳》寫作年代認識的上限和下限。此外，還有很多人認為《彖傳》作於這二者之間，譬如戰國後期。本書就採取這種說法。

朱伯崑先生在《易學哲學史》中曾對這種看法進行過論證❹。他認為《彖傳》有明顯受孟子影響的痕跡，同時又被《荀子》引用。受孟子影響主要表現在三點：第一，《彖傳》對革卦的解釋，提出「湯武革命，順乎天而應乎人」，本於孟子。第二，《彖傳》在解釋大畜，頤和鼎卦時提出的養賢說本於孟子。第三，《彖傳》十分重視的時中說是受孟子的影響提出的。而它被《荀子》引用的證據見於《大略篇》。

易之咸見夫婦，夫婦之道不可不正也，君臣父子之本也。咸，感也，以高下下，以男下女，柔上而剛下。

這段話與《彖傳》對咸卦的解釋明顯有關。咸卦《彖傳》說：「咸，感也，柔上而剛下，感應以相與，止而說，男下女，是以亨利貞，取女吉也。天地感而萬物化生，聖人感人心而天下和平。觀其所感而天地萬物之情可見矣。」

《大略篇》與《彖傳》的先後關係，學者間的理解並不相同。郭沫若、李鏡池等就認為是《彖傳》沿襲了《荀子》❺。對古代兩部或多部書中都有同樣內容，需要判斷先後的情況，學術界經常出現相反的意見。而且有時候確實難辨是非。但就上述的例子來看，《荀子》沿襲《彖傳》的可能要遠遠大於相反的情形。因為在《彖傳》中，高下、男女、柔剛都確有所指，如咸卦是艮下兌上，依卦象，艮為山，兌為澤。在自然界中，一般的情形是山高澤低，但在咸卦中，則是山低澤高，所以說「以高下下」。另外，依據乾坤父母說，艮為少男，兌為少女，艮在兌下，所以說「以男下女」。

從爻象上說，咸卦上爻為陰爻，稱柔，緊接著的三爻都是陽爻，稱剛。還有，兌是陰卦，稱柔，艮是陽卦，稱剛。所以說「柔上而剛下」。並且，剛柔是《彖傳》最常用的詞匯。但就《大略篇》中的說法來講，如果離開了《彖傳》的背景，便顯得很突兀，且很難解釋。因此，兩段話比較，應該是《大略篇》襲用了《彖傳》的文字。

其實從《大略篇》的文體看，它由若干相對獨立的段落或句子組成，很像是雜湊成篇，這樣，它選錄一段《彖傳》的文字，來說明夫婦之道的重要，就更是再自然不過的事情了。

如上所述，《彖傳》寫作於《荀子》之前，應該是可以肯定的。它的上限也不能太早。除了朱伯崑先生已經提出的證據外，我們還可以從其他的方面去考慮。譬如以前劉笑敢先生研究《莊子》內外雜篇的先後問題時，曾經提出「道德」、「精神」、「性命」這幾個典型的復合詞作為標尺。依照漢語發展的一般規律，總是先有單詞，再有復合詞，像《莊子》內篇，《孟子》、《論語》、《墨子》和《老子》等書中，就只使用「道」「德」「精」「神」「性」「命」等單詞，絕沒有上面提到的那幾個復合詞。❻這些書確實都比較早。而稍後的書如《管子》、《荀子》、《呂氏春秋》以及《莊子》的外、雜篇中就出現了這些復合詞。

大體說來，戰國中期是一個分界線。這以前的書中沒有出現過這些復合詞，這以後的書就經常使用。依這個原則來衡量，《彖傳》在解釋乾卦時使用了「性命」一詞，應該屬於戰國中期以後的作品。這與朱先生所說在孟子後的結論是一致的。

二、《彖傳》解經的體例

《彖傳》解釋的是《周易》六十四卦卦辭和卦名的意義，而以卦辭為主。在《彖傳》中，並不是每一卦的卦名都被提及，但卦辭是絕不會少的。其解釋的方法，基本上是根據卦象來說明卦辭和卦名的意義，有時還要作進一步的引申。顯然，作者認為卦象和卦辭之間存在著必然的聯繫。但其對卦象的理解，並不相同，有依上下卦象之間關係的，有依據爻位的。茲略述於下。

㈠、上下卦的關係

《周易》六十四卦由八卦兩兩相重而成，所以每一卦都可以區分出上下卦，在春秋時期的占筮例子中，我們就可以看到用上下卦的卦象來解釋卦爻辭的例子。如《國語・晉語》有如下的一段話：

> 震，雷也，車也。坎，勞也，水也，眾也。主雷與車，而尚水與眾。車有震武，眾順文也。文武具，厚之至也，故曰屯。其繇曰：「元亨利貞，勿用有攸往，利建侯」。主震雷，長也，故曰元。眾而順，嘉也，故曰亨。內有震雷，故曰利貞。車上水下，必伯。小事不濟，壅也。故曰勿用有攸往。一夫之行也，眾順而有武威，故曰利建侯。坤，母也，震，長男也。母老子強，故曰豫。其繇曰：「利建侯行師」，居樂出威之謂也。是二者得國之卦也。

這裡記載的是晉公子重耳的一次占筮。他遇到了屯和豫兩卦，而且都沒有變爻，所以，筮史認為不吉。司空季子不以為然，於是有上述的解釋。屯卦的卦象是震下坎上，豫卦的卦象是坤下震上。「其繇曰」後面的文字是這兩卦的卦辭。可以看出，司空季子完全是根據上下卦的卦象來說明卦名和卦辭的來歷，而且非常詳細。類似的一個例子見於《左傳》，莊公二十二年記載：

周史有以《周易》見陳侯者，陳侯使筮之，遇觀之否，曰：是謂「觀國之光，利用賓於王」……坤，土也。巽，風也。乾，天也。風為天於土上，山也。有山之材而照之以天不光，於是乎居土上，故曰「觀國之光，利用賓於王」。庭實旅百，奉之以玉帛，天地之美具焉。故曰「利用賓於王」。

觀之否指觀卦的六四爻，「觀國之光，利用賓於王」是該爻的爻辭。觀卦的卦象是坤下巽上，否卦的卦象是坤下乾上，所以，這段話中提及坤巽乾等，並用其象來解釋這條爻辭。

以上兩例表明，早在春秋時期，人們就認為《周易》的卦象和卦爻辭之間有必然的關係，所以，用上下卦卦象來解釋卦爻辭的意義。《彖傳》的作者承繼了這種看法，也根據上下卦卦象來說明卦辭和卦名的意義。當然，區別是明顯的。首先《彖傳》已經完全擺脫了占筮的領域，其次《彖傳》對卦象的說明更注重卦德（卦義）的方面。

我們舉例看一下，《彖傳》解釋明夷卦說：

明入地中，明夷。內文明而外柔順，以蒙大難，文王以之。利艱貞，晦其明也。內難而能正其志，箕子以之。

明夷卦的卦辭只有三個字「利艱貞」。其卦象是離下坤上。《彖傳》先根據卦象解釋卦名，離為火為日，坤為地，所以說「明入地中，明夷」。離有文明之德，坤有柔順之德，離居內卦，坤居外卦，所以說「內文明而外柔順」。這是蒙大難之時君子的作法，從前周文王就是如此。那麼，卦辭「利艱貞」和卦象是什麼關係呢？《彖傳》先說明卦辭的意義是「晦其明也」，這就是「明入地中」，就是「內文明而外柔順」，這就把卦辭和卦象聯繫了起來，把卦辭建立在內外卦象的關係之上。

又如《彖傳》解釋需卦說：

需，須也。險在前也。剛健而不陷，其義不困窮矣。需有孚，光亨貞吉。位乎天位，以正中也。利涉大川，往有功也。

需卦的卦辭是「有孚，光亨貞吉，利涉大川」，其卦象是乾下坎上。坎為險，居外卦，所以說「險在前也」。《彖傳》對上下卦的稱呼，除了直接稱上下外，有時是內外，有時是前後。上卦為外為前，下卦為內為後。乾性剛健，但居於下卦，坎有陷的意思，居於上卦。象徵剛健的乾尚未進入險境，所以說「剛健而不陷」。天位指九五爻，陽爻居陽位，又處於上卦之中，所以稱正中。這與爻位說有關，後面當詳細討論。又如《彖傳》解釋泰卦說：「泰，小往大來，吉亨。則是天地交而萬物通也，上下交而其志同也。內陽而外陰，內健而外順，內君子而外小人。君子道長，小人道消也。」

「泰，小往大來，吉亨」是泰卦的卦辭。泰卦乾下坤上，乾為天，坤為地，所以說「天地交」、「上下交」。天為陽為健，於人為君子，地為陰為順，於人為小人，所以說「內陽而外陰，內健而外順，內君子而外小人」。這也是用上下卦的卦象說明卦辭。

在《周易》六十四卦之中，《彖傳》的解釋涉及到上下卦的，占了絕大部分。由此可以看出《彖傳》對上下卦關係的重視。

㈡、爻位說

以爻位來解釋卦辭和卦名，是《彖傳》的創造。所謂爻位，是指一爻在整個卦之中的位置。一般而言，一卦六爻，便有六位，所以乾卦《彖傳》有「六位時成」的說法。六位各有其名稱，即初，二，三，四，五和上。也各有其性質，奇數位為陽位，偶數位為陰位。《彖傳》根據爻的性質和位置，提出了很多體例，來解釋卦辭和卦名。這些體例可以概括如下幾種：

1. 中位說

所謂中位，是指二爻和五爻而言。它們分別居於下卦和上卦的中間，所以有此稱呼。一般來說，居中位則吉。《彖傳》在對三十四卦的解釋中使用了「中」這個詞，由此可知其對中位說的強調。如鼎卦《彖》曰：

鼎，象也。以木巽火，亨（烹）飪也。聖人亨以享上帝，而大亨以養聖賢。巽而耳目聰明，柔進而上行，得中而應乎剛，是以元亨。

鼎卦的卦辭是「元吉，亨」，《彖傳》在解釋的時候，特別說柔「得中而應乎剛」。柔指陰爻，得中是說陰爻居中位。鼎卦巽下離上，其六五爻正是陰爻居中位。

又《彖傳》解釋旅卦說：

旅，小亨，柔得中乎外而順乎剛，止而麗乎明。是以小亨旅貞吉也。旅之時義大矣哉！

旅卦的卦象是艮下離上，艮為止，離為明，所以有「止而麗乎明」的說法，這是就上下卦象立論。該卦五爻為陰爻，上爻為陽爻，所以說「柔得中乎外而順乎剛」。這是結合了上下卦象和爻位說來解釋卦辭。中位說中，有剛中和柔中的區別，以上兩例都是柔中，即陰爻居中位。此外還有剛中，即陽爻居中位。如兌卦《彖》曰：

兌，說（悅）也。剛中而柔外，說以利貞，是以順乎天而應乎人。

兌卦的卦辭是「亨。利貞」，其卦象是兌下兌上，二和五位都被陽爻占居，而三和上都是陰爻。所以說「剛中而柔外」，以此來解釋卦辭，故云「說以利貞」。在中位說中，還有普通的「中」和「正中」的區別。所謂「正中」，是說既占中位，又居正位。正位是當位的意思，指陽爻居陽位，陰爻居陰位。如《彖傳》釋觀卦說：

大觀在上，順而巽，中正以觀天下。觀，盥而不薦，有孚顒若，下觀而化也。

觀卦坤下巽上，坤為順，所以說「順而巽」。該卦的六二和九五都是既中且正，所以說「中正以觀天下」，不過，此處的中正似就有位者而言，故主要指九五爻。下面引出的就是觀卦的卦辭。又如巽卦《彖》曰：

重巽以申命，剛巽乎中正而志行，柔皆順乎剛，是以小亨，利有攸往，利見大人。

巽卦的卦象是巽下巽上，巽為命令。故云重巽以申命。該卦九五爻既中又正，所以稱剛巽乎中正。柔皆順乎剛，指該卦兩陰爻分別居於陽爻之下，居下為順。後面引出的是卦辭。

2.當位說

所謂當位是指爻的性質與其所居位的性質相符。如陽爻居陽位（初，三，五），陰爻居陰位（二，四，六），就叫當位，也叫得位、正等。反之稱為不當位、失位等。一般來說，當位則吉，不當位則凶。當然，在具體到某一卦時，還要看其他的條件一併來決定吉凶。《彖傳》以當位來解釋卦辭的有小畜，同人，遁，蹇，革，節，漸，渙和既濟等卦，如其釋小畜卦說：

> 小畜，柔得位而上下應之，曰小畜。

小畜卦卦象是乾下巽下，只有一個陰爻，即六四。其以陰爻居陰位，屬當位之例，故稱「柔得位」。這是以此來解釋卦名。又其釋遁卦說：

> 遁亨，遁而亨也。剛當位而應，與時行也。小利貞，浸而長也，遁之時義大矣哉！

遁卦卦象是艮下天上，「剛當位而應」是就九五爻而言，九五爻以陽爻居陽位，且與六二有應（應有解釋見後文）。《彖傳》對九五爻有時稱中、正中，有時稱當位，不知道是否有更深的涵義。又其釋革卦說：

革，水火相息，二女同居，其志不同得，曰革。巳日乃孚，革而信之。文明以說，大亨以正。革而當，其悔乃亡。

革卦離下兌上，離為火，兌為澤，澤屬於水，所以說水火相息。離為中女，兌為少女，所以說二女同居。離有文明之象，兌有說之象，所以說文明以說。以上都就八卦之象而言。後面正和當講的就是爻位。該卦六爻從下而上依次是初九，六二，九三，九四，九五和上六。除了九四爻是陽爻居陰位，屬於不當位以外，其他五爻都當位，所以有正和當的說法。由於正當的原因，所以「其悔乃亡」。又其釋既濟卦說：

既濟亨，小者亨也。利貞，剛柔正而位當也。初吉，柔得中也。終止則亂，其道窮也。

從當位的角度來說，既濟是很特殊的一卦，它的六爻由下而上依次為初九，六二，九三，六四，九五和上六，全部當位。所以《彖傳》有「剛柔正而位當」的說法，並以此來解釋「利貞」。

當位的反面是不當位、失位，《彖傳》以之解釋卦辭的見於噬嗑，小過和未濟等卦。如其釋噬嗑卦說：

頤中有物曰噬嗑。噬嗑而亨，剛柔分，動而明，雷電合而章。柔得中而上行，雖不當位，利用獄也。

噬嗑卦震下離上，震為雷為動，離為電為明，所以有「動而明，雷電合而章」之說。柔得中指六二爻，不當位指六三和六五兩爻。以此解釋卦辭「利用獄也」。又其釋小過卦說：

小過，小者過而亨也。過以利貞，與時行也。柔得中是以小事吉也。剛失位而不中，是以不大事。

小過卦艮下震上，柔得中指六二和六五爻，剛失位而不中指九四爻，《彖傳》以此解釋卦辭「不大事」。

3.應位說

「應」也是《彖傳》經常使用的一個重要概念。所謂應，主要是就上下卦相對位置（如初與四，二與五，三與上）之間的關係而言的。相對位置的性質是相反的，若居於其位的爻性也相反，就稱「應」、「有應」，反之，則為「敵應」。一般來說，有應則吉，敵應則凶。《彖傳》以有應解釋的卦非常多，有蒙、師、小畜、同人、大有、豫、臨、無妄、恆、遁、睽、損、萃、升、鼎和未濟等卦。如其釋師卦說：

師，眾也。貞，正也。能以眾正，可以王矣。剛中而應，行險而順，以此毒天下，而民從之，吉又何咎矣！

師卦坎下坤上，剛中指九二爻，上卦與之相對的是六五爻，一陰一陽，所以「應」。《彖傳》以此解釋卦辭之吉。又其釋恆卦說：

恆，久也。剛上而柔下。雷風相與，巽而動。剛柔皆應。

恆卦巽下震上，巽為風，震為雷為動，所以說「雷風相與，巽而動」。其六爻自下而上分別是初六，九二，九三，九四，六五，上六，初與四，二與五，三與上都是一陰一陽，兩兩相對。所以說剛柔皆應。《彖傳》講應有時是指一爻與一卦相應，此時爻和卦的性質也一定相反。如其釋同人說：

柔得位得中而應乎乾，曰同人。

同人卦離下乾上，柔得位得中指六二爻，從爻應的角度來說，是與九五有應。這裡說「應乎乾」，也可能是指九五而言，但也可能指整個上卦。上卦乾為剛，與柔有應。同時，也有講兩卦相應的例子，這兩卦也一定是性質不同。如其釋履卦說：

履，柔履剛也。說而應乎乾，是以履虎尾，不咥人，亨。

履卦卦象是兌下乾上，兌為說，為少女為柔，乾為父為剛，剛柔有應，所以說「說而應乎乾」，以此解釋後面的卦辭。另外，《彖傳》解釋咸卦時也提到了上下卦的相應關係，它說：

咸，感也。柔上而剛下，二氣感應以相與，止而說，男下女，是以亨利貞取女吉也。

咸卦艮下兌上，艮為山，為陽卦，為少男；兌為澤，為陰卦，為少女。所以說「柔上而剛下，二氣感應以相與」。二氣指山澤，這是講兩卦的感應，並以此解釋卦辭。

總的來說，《彖傳》講兩卦相應和爻與卦的相應是比較少的，應主要還是講爻之間的關係。

《彖傳》講敵應的只有一例，這便是艮卦。它說：

> 艮，止也……上下敵應，不相與也。是以不獲其身，行其庭，不見其人，無咎也。

艮卦卦象是艮下艮上，六爻從下至上依次是初六，六二，九三，六四，六五和上九。初與四，二與五，三與上的爻性皆同，沒有任何兩爻是有應的，所以說「上下敵應」，並以此解釋卦辭。《彖傳》在提及「應」的時候，有時和「與」相提並論。與是助的意思，有應則有與，敵應則無與。所以這裡在敵應之後，還提到「不相與也」。

4. 順乘說

《彖傳》論述爻位還有一個方面是順乘說。順與乘是就陰爻相對於陽爻的關係而論，陰爻居陽爻之下為順，反之為乘。一般來說，順吉乘凶。《彖傳》這種意義的「順」字見於旅，巽，小過等卦。其釋旅卦說：

> 旅，小亨。柔得中乎外而順乎剛，止而麗乎明。

旅卦艮下離上，陰爻居五位，所以說「柔得中乎外」。其上為上九，是陽爻，所以說「順乎剛」。又其釋巽卦說：

> 重巽以申命，剛巽乎中正而志行，柔皆順乎剛，是以小亨，利有攸往，利見大

人。

巽卦兩陰爻分別居上下卦之最下位，其上都是陽爻，所以說「柔皆順乎剛」。又其釋小過卦說：

小過，小者過而亨也……不宜上宜下，大吉，上逆而下順也。

小過卦艮下震上，其六爻自下而上依序為初六，六二，九三，九四，六五和上六。就下卦而言，陽爻居上，兩陰爻居下，所以說「下順」。但就上卦而論，則是兩陰爻在上，陽爻在下，所以說「上逆」。《彖傳》以此解釋此辭「不宜上宜下」。逆與順相反，也稱為「乘」，《彖傳》解釋夬卦說：

夬，決也，剛決柔也。健而說，決而和，揚於王庭。柔乘五剛也，孚號有厲，其危乃光也。

夬卦的卦象是乾下兌上，自初到五都是陽爻，只有上位被陰爻占居。所以說「柔乘五剛也」。又其釋歸妹卦說：

歸妹……徵凶，位不當也。無攸利，柔乘剛也。

歸妹卦兌下震上，六爻自下至上分別是初九，九二，六三，九四，六五和上六。無論是下卦還是上卦，都是陰爻居陽爻之上，所以說「柔乘剛」。

以上所述為《彖傳》中體現出的兩種主要理解卦象的方式，其中爻位說又可以分成不同的種類。事實上，如我們所見的，在很多卦的解釋中，這些方式往往是一併使用的。譬如蹇卦《彖》曰：

> 蹇，難也。險在前也。見險而能止，知矣哉！蹇利西南，往得中也。不利東北，其道窮也。利見大人，往有功也。當位貞吉，以正邦也。

蹇卦的卦象是艮下坎上，坎為險，居外卦，艮為止，居內卦。所以說「險在前也，見險而能止」，這是依上下卦的關係立論。「往得中也」，指九五爻，其爻辭為「大蹇得朋」。坤卦卦辭有「西南得朋」之說，所以《彖傳》以此爻解釋卦辭「利西南」。這是中位說。又蹇卦六爻除了初爻之外，其他都是陰陽各得其位，所以說「當位貞吉」，這又用的是當位說。其他很多卦的情形都是如此。

讀者可以注意到，我們在舉例時一直沒有提及乾坤兩卦。因為對於《彖傳》解釋這兩卦的體例，存在著不同的看法。有人以為是以全卦之象來解釋，而沒有考慮上下卦。其實，由於乾坤兩卦上下卦相同，而且六爻的性質也全部相同，所以沒有提及上下卦，並不意味著與上下卦無關。

我們看乾坤兩卦的《彖傳》以天解釋乾，以地解釋坤，仍是從上下卦象出發的。它們可以視為依上下卦關係理解卦象的變例。

在《彖傳》中，有一卦的解釋是非常特殊的。這就是頤卦。該卦《彖》曰：

> 頤，貞吉，養正則吉也。觀頤，觀其所養也。自求口實，觀其自養也。天地養萬物，聖人養賢以及萬民。頤之時大矣哉！

頤卦的卦象是震下艮上，在這裡一點也沒涉及到，爻位說的影子也沒有。《彖傳》對頤卦的解釋完全是根據卦名和卦辭的字面意義進行的。如以貞為正，所以，把貞吉理解為養正則吉也。這種情況的出現，可能是因為很難用卦象來說明卦名和卦辭的意義，而做了變通的處理。但由此一例，也可看出《彖傳》想在卦象和卦辭之間建立起必然的關係，是很困難的。

三、剛柔說和時的觀念

如上節所述，《彖傳》解釋《周易》的一個重要貢獻是提出了爻位說，非常重視爻在一卦中的作用。它還用剛和柔來稱呼陽爻和陰爻，六十四卦中幾乎每一卦都能見到剛柔的字樣，這給閱讀《彖傳》的人留下了深刻的印象。剛柔不是指兩個具體的東西，而是兩種不同的性質。因而，以剛柔解釋陰陽爻，會使卦爻象具有更加抽象的意義。

剛柔並舉，最早見於《尚書・洪範》。該篇提到：

> 三德：一曰正直，二曰剛克，三曰柔克。平康正直，強弗友剛克，燮友柔克。沉潛剛克，高明柔克。

剛柔指兩種德性或處理事情的兩種態度。《詩經》中也曾以剛柔對舉。見於《大雅・蒸民》：「人亦有言，柔則茹之，剛則吐之。維仲山甫，柔亦不茹，剛亦不吐。」

以及《商頌・長發》：「不剛不柔」。其後，道家和兵家喜歡使用這兩個詞。在《老子》中，它們被視為兩種對立的性質。而且老子認為，柔弱要勝過剛強。根據《國語・越語下》的記載，范蠡以剛柔為在不同情況下兩種用兵的方式，他說：「古之善用兵者，因天地之常，與之俱行。後則用陰，先則用陽。近則用柔，遠則用剛。」由此可見，剛柔在春秋戰國之際已經成為經常使用而且具有豐富含義的一對概念。

在剛柔學說發展的過程中，《彖傳》的貢獻在於第一次把它們引入到對《周易》的解釋之中。關於稱陽爻和陰爻為剛柔的原因，馬王堆帛書《易之義》中曾有一個說法。在該篇的篇首，有這樣的一段話：

> 易之義惟陰與陽，六畫而成章。曲句焉柔，正直焉剛。六剛無柔，是謂大陽，此天『之義也』……六柔無剛，此地之義也。❼

這裡的剛柔，顯然是就爻畫而言。其說陽爻「—」有正直之象，所以稱剛。陰爻「- -」有彎曲之象，所以稱柔。《易之義》雖然晚於《彖傳》，但這個解釋還是值得認真參考的。

以剛柔來解釋陰陽爻，實際上給陰陽爻賦予了剛柔概念原本就具有的德性的意義。從而一方面把陰陽爻從占筮的範疇釋放出來，另一方面也大大擴充了它的內涵。從《彖傳》對剛柔的使用來看，在陰陽爻之外，更有多方面的意義。有時指男女，有時指君子小人，有時指剛健和柔順的態度，有時指大事小事等。

在《彖傳》中，時的觀念也是非常突出的。時本來指天時，後來引申而具有社會和人生的某種處境之義。先秦諸子中，時是普遍被強調的觀念。《老子》講「動善時」，馬王堆帛書《黃帝四經》中說「聖人不巧，時反是守」（見《十大經・觀》）。孟子也很重視時的觀念，他稱孔子是「聖之時者也」（《孟子・萬章下》）。新近發現的郭店楚墓竹簡中有一篇講述「窮達以時」的道理。《彖傳》對「時」的重視應該是在這種氛圍中產生的。就《周易》本身而言，「時」的觀念幾乎不存在，在卦爻辭中，時字只出現了一次，見於歸妹九四爻「歸妹愆期，遲歸有時」。但在《彖傳》中，「時」字出現了三十四次之多。其對時的最根本看法見於艮卦的解釋：

> 艮，止也。時止則止，時行則行。動靜不失其時，其道光明。

艮有止的意思。《彖傳》認為，止和行並不是隨意的選擇，而必須根據時。對於人而言，時是決定行止或動靜的依據。動靜都合乎時，當然能夠收到事半功倍的效果，所以說「其道光明」。但這一點並不是很容易處理好的。孟子最推崇的孔子可以做到這點，「可以仕則仕，可以止則止」。一般人則很難。不過，對於一般人來說，《周易》可以給她們提供一個指導。譬如損益兩卦，《彖傳》解釋道：

> 損，損下益上，其道上行。損而有孚，元吉，無咎可貞，利有攸往……損剛益柔有時，損益盈虛，與時偕行。
>
> 益，損上益下，民說無疆。自上下下，其道大光。利有攸往，中正有慶……凡

益之道，與時偕行。

損和益是兩種不同的方法，它們的使用應該依不同的情況來決定。與時偕行就是與時結伴而行的意思。

《彖傳》有一個看法，認為《周易》中的很多卦都代表了一個時。我們看它對如下卦的結語：

豫之時義大矣哉！
隨之時義大矣哉！
頤之時大矣哉！
大過之時大矣哉！
險之時用大矣哉！
遁之時義大矣哉！
睽之時用大矣哉！
蹇之時用大矣哉！
解之時大矣哉！
姤之時義大矣哉！
革之時大矣哉！
旅之時義大矣哉！

以上共十二卦，其中稱「時義大矣哉」的有五卦，「時用大矣哉」的有三卦，稱「時大矣哉」的有四卦。其中險指坎卦。首先讓人留意的是《彖傳》的語氣，「大矣哉」的說法表現出作者的極度重視。另外，很明顯，《彖傳》是把這些卦分別看作一個時，故有「隨之時」，「解之時」等說法。如其解釋隨卦說：

隨，剛來而下柔，動而說，隨，大亨，貞無咎。而天下隨時。隨之時義大矣哉！

隨卦震下兌上，震為動，兌為說，故云動而說。其卦辭是「元亨利貞，無咎」，《彖傳》用天下隨時來解釋。這是把隨說成是人做事隨時的一種狀態，在這種狀態下，就會大亨貞無咎。又如其釋解卦說：

解，險以動，動而免乎險，解。解利西南，往得眾也。其來復吉，乃得中也。有攸往夙吉，往有功也。天地解而雷雨作，雷雨作而百果草木皆甲折。解之時大矣哉！

解卦坎下震上，坎為險，震為動，所以說「險以動，動而免乎險」，這是把「解」解釋為從危險的境地中擺脫出來。《彖傳》以天地來做一個說明，說天地解而雷雨作，意思是天地從閉而不通的狀態中擺脫出來，重現生機，所以雷雨作，百果草木的種子也隨之都發芽。

應該指出的是，《彖傳》對其他五十多卦雖然沒有用「時大矣哉」的說法，但究其實也是以之代表了某個時的。六十四卦可以說是六十四種不同的情境。譬如屯卦代表了事物初生之時，困卦代表了身處困境之時等。

時除了指卦之外，也用來說明爻。卦有卦之時，爻有爻之時。卦的時好比是一個過程，爻的時則是這個過程中的一個點。《彖傳》儘管沒有解釋爻和爻辭，但我們從一些表述中還是可以看出它的一些看法。如其解說乾卦的時候曾講：「大明終始，六位時成，時乘六龍以御天」，這六位和六龍都是就六爻而言的。六位時成是說六爻之位因時而形成，即以六位代表六個不同的時之義。時乘六龍也是說根據時來選擇駕乘不同的爻，仍然是把爻和時聯繫起來。

《彖傳》由以時來解釋卦和爻，把六十四卦理解為六十四個時，把爻理解為時中之時，從而把原本是表示吉凶的卦象變成了人們生存的不同處境。這就使每一卦更具有了獨立的義理性，可以直接成為人們進德修業的依據。經過這樣的解釋，《周易》已經完全從卜筮的領域中擺脫出來，而成為講天地之道和人道的作品。

四、天施地生的宇宙論

從義理的角度來看，《彖傳》對儒家傳統最大的貢獻應該是提出了一個比較系統的宇宙論。戰國中期以前的儒家，譬如孔子和孟子，幾乎不討論自然天道的問題。孟子有時談到天道，如說「誠者天之道」，這是從道德的角度著眼的。另外，他所重視的經典如《詩》、《書》中，也沒有可供發揮的自然天道觀的素材。在這方面，《周易》有著獨特的優勢，《周易》一書的一個重要特點，就是推天道以明人事。作為六十四卦基礎的八卦，被認為代表了天地山澤雷風水火這八種自然現象。這就為自然天道觀的發揮提供了可能。

《彖傳》自然天道觀的一個重要內容是，確立天地作為萬物本原的地位，並對天和地各自的角色進行了說明。其解釋益卦時說：

> 益動而巽，日進無疆。天施地生，其益無方。

這裡提到了天施地生，所謂施是主動的施予，生是萬物的產生。天和地在萬物生成過程中的角色是不同的，地是直接生物者，但地的生物卻離不了天的施予。《彖傳》詳細講述這層意思是對乾坤兩卦的解釋，因為乾坤本來就是天地之象。我們先來看它對乾卦的說明：

> 大哉乾元，萬物資始，乃統天。雲行雨施，品物流形。大明終始，六位時成，時乘六龍以御天。乾道變化，各正性命。保合大和，乃利貞。首出庶物，萬國咸寧。

乾卦的卦辭是「元亨利貞」。《彖傳》圍繞著天和萬物的關係來解釋這四個字。它以元為乾元，元有開始的意思，所以說「萬物資始」。資是憑借、依靠，萬物依靠乾元才能開始。乾就是天，乾元強調的是天的本性，這是天的根本，所以說「乃統天」。以上解釋「元」字，「雲行雨施」以下，講天的作用。「行」是行動，施是下降，品物指各種事物、流形指在變動中成形，這是指萬物賴天而成形。大明指太陽，終始指東升西降循環往復的過程。六位指乾卦六爻，六龍即爻辭中的龍。「時乘六龍御天」，指乾元依不同的時機分別駕乘六爻以統御天。古代神話中有日神駕六龍經天的說法，《彖傳》應該受到了它的影響。值得注意的是，《彖傳》這裡是以日來解釋乾卦，以龍為太陽的象徵。以上是解釋亨字。它是以亨為通，而自「雲行雨施」到「大明終始」都有通的意思。乾道指天道，這個道是變化之道，所以說「乾道變化」。在變化之中，萬物各自獲得了自己的本性，故云「各正性命」。正是解釋貞字的。大和指萬物處在和諧之中，這是靠乾元來保證的，所以說「保合大和」。這是解釋利字的。最後的「首出庶物，萬國咸寧」，是總結之辭。前一句呼應「元亨」，首是元始，出是亨通，庶物即萬物。後一句呼應「利貞」，咸寧就是「各正性命，保合大和」之義。整個《彖傳》對乾卦的解釋，突出了天是萬物之始，萬物都賴天才得到形體和性命。

但是，在萬物的生成過程中，天並不是惟一起作用的因素。天必須依靠地的配合，才能完成這一任務。《彖傳》解釋坤卦說：

至哉坤元，萬物資生，乃順承天。坤厚載物，德合無疆。含弘光大，品物咸亨。牝馬地類，行地無疆，柔順利貞。君子攸行，先迷失道，後順得常。西南得朋，乃與類行。東北喪朋，乃終有慶。安貞之吉，應地無疆。

坤卦的卦辭是「元亨，利牝馬之貞。君子有攸往，先迷後得主，利。西南得朋，東北喪朋。安貞吉」，較乾卦複雜的多。《彖傳》對此的解釋與乾卦相呼應，一方面強調地在萬物生成中的作用，另一方面也突出它與天的關係。坤元釋元字，與乾元相對，萬物憑借著它而產生。順承天是說它與天的關係不是平等的，天是主，地是從。地是順承，配合天來完成所開創的事業的。坤是大地，大地具有博厚的特點，於萬物無不承載，所以說「坤厚載物，德合無疆」。無疆指地的廣大無邊而言。含是包含，弘是大，光同廣，品物是萬物的變稱，亨是通順。「含弘光大，品物咸亨」是說大地無所不容，萬物在其中都非常通順。以上是解釋亨字。坤卦卦辭中出現了牝馬，《彖傳》對此進行了解釋，因為它是在地上跑的地類。牝馬和地一樣，其本性是柔順，柔順是地類應遵循的正道，如此就能吉利。君子效法這個道理，行事應捨先取後，捨健取順，這樣才合乎道理，才能永遠吉利。

《彖傳》透過對乾坤兩卦的解釋，提出了乾元和坤元的概念，可以稱之為乾坤二元論。乾坤二元都是萬物的本原，二者缺一不可。但是二者承擔的角色是非常不同的。《彖傳》說乾元是「萬物資始」，坤元是「萬物資生」。始是開始，而生是完成。這很容易讓人想起《老子》第一章的一個說法：「無名萬物之始，有名萬物之母」。這也是把生物之功分別歸於無名和有名二者。一個是負責開始，一個是負責生養，母親之責就是生養。老子的說法與《彖傳》這裡的意思是一樣的。

從年代上說，《老子》早於《彖傳》，所以，後者可能是受到了前者的影響。但實際上，在它們的背後都是人類對人自身生育過程的概括。《繫辭傳》中說「天地絪縕，萬物化醇。男女構精，萬物化生」，直接把天地和男女聯繫了起來。這實際上是古代中國人普遍的思路。從春秋時期的材料看，當時已經出現了乾坤父母之說，所以《國語‧晉語》中有「坤，母也；震，長男也」的說法。而天父地母的說法雖然始見於戰國的文獻，但從乾坤父母以及「皇天后土」等看，這種觀念應該早就出現了。它正是《彖傳》如此解釋乾坤二元的重要背景。

乾坤二元可以分開來講，但實際上它們是不能分開的。就六十四卦而言，乾坤兩卦是純卦，其餘六十二卦都是陰陽爻不同組合的結果，也可以說是乾坤兩卦結合的結果。乾坤必須結合，才能構成其餘六十二卦，同樣，乾元和坤元也必須結合，才能產生萬物。這一點在《彖傳》其它部分也有體現。如它解釋咸卦說：

天地感而萬物化生。

感是感應結合的意思，天地相感，萬物才能產生，反之則不然。《彖傳》解釋歸妹卦說：

天地不交而萬物不興。

這是說天地不交通結合，萬物就不會產生。《彖傳》實際上是把乾元和坤元，天和地的結合看做是萬物產生的原因，把它們共同視為萬物的本原。

當然，《彖傳》這樣做的時候，十分強調乾元和坤元，天和地的不同角色。它以乾元和天為主導的一方，而以坤元和地為順承的一方。這種看法，與乾坤兩卦的卦象不無關係。乾卦由六陽爻組成，是至剛之物。坤元由六陰爻組成，是至柔之物。因此這種理解，具有易學的特點。《易傳》之外也有講天地為萬物本原的，但其講法與此不同。

除了天施地生的宇宙論外，《彖傳》還討論到自然天道的問題。在《彖傳》看來，天地的變化都有章可循，其釋《豫》卦說：

天地以順動，故日月不過而四時不忒。

順就是遵循一個道理，天地是依照一個道理運動的，所以，日月才不會超過它們的限度，四時更替也不發生差錯。在觀卦《彖傳》中，這個道理被叫做「天之神道」，賁卦中稱為「天文」，有時直接稱為「天地之道」，《彖傳》解釋恆卦說：

天地之道，恆久而不已也。日有得天而能久照，四時變化而能久成。

這是說天地之道具有永恆不變的性質。而這個永恆不變的東西實際上體現在變化之中，它就是變化的規則。《彖傳》解釋謙卦說：

天道虧盈而益謙，地道變盈而流謙。

這裡講的是天道的內容，盈了就要虧，虛了就要增，謙是虛的意思。地道也是如此，譬如說水，滿了就要向低的地方流。這個意思與《老子》所說「天之道損有餘而補不足」是一樣的。《彖傳》在解釋豐卦時也體現了這個想法：

日中則昃，月盈則食，天地盈虛，與時消息。

太陽位於天空正中的時候，肯定就要傾斜了。月亮盈滿的時候，肯定就要虧缺了。天地的變化，就是一盈一虛，一消一息。剝卦《彖傳》把這概括為「消息盈虛，天行也」，天行就是天道。但月亮虧缺了之後還要盈滿，太陽傾斜了之後還要回到正中，這就是復。《彖傳》解釋復卦說：

反覆其道，七日來復，天行也。復，其見天地之心乎！

「反覆其道，七日來復」是復卦的卦辭，《彖傳》將它概括為「天行」，天行就是天的運動法則。這是把天道的內容概括為復，所以復又稱天地之心。復是反覆之義，《老子》說「反者道之動」，與此是類似的意思。

五、人道本於天道

《彖傳》對宇宙論和自然天道的說明，其意圖主要是從中引申出人道的內容。在《周易》中，就有明顯將自然現象和人事結合起來思考的傾向。如卦象本身就具有自然現象和人事的雙重意味，它既是自然物的象徵，又是人事的象徵。卦爻辭中也經常將自然物和人事進行類比。如大過卦中兩條有趣的爻辭：

九二：枯楊生稊，老夫得其女妻，無不利。

九五：枯楊生華，老婦得其士夫，無咎無譽。

稊指新芽，華是花，爻辭借乾枯的楊樹生新芽來比喻老先生娶了一個年輕的女子，借乾枯的楊樹又開花來比喻老婦人嫁了一個精壯的男人，饒有趣味。類似的例子不勝枚舉。這裡實際上包含著天道和人道一致的意思。到《彖傳》這裡，就把這層意思明確揭示出來，因而在它那裡，經常有推天道以明人事的句子。

我們把一些突出的例子列在下面：

謙卦：「天道虧盈而益謙，地道變盈而流謙，鬼神害盈而福謙，人道惡盈而好謙。謙尊而光，卑而不可逾，君子之終也。」

豫卦：「天地以順動，故日月不過而四時不忒。聖人以順動，則刑罰輕而民服。」

觀卦：「觀天之神道而四時不忒，聖人以神道設教而天下服矣！」

賁卦：「柔來而文剛，故亨。分剛上而文柔，故小利有攸往，天文也。文明以止，人文也。觀乎天文以察時變，觀乎人文，以化成天下。」

剝卦：「君子尚消息盈虛，天行也。」

頤卦：「天地養萬物，聖人養賢以及萬民。」

離卦：「日月麗乎天，百谷草木麗乎土，重明以麗乎正，乃化成天下。」

咸卦：「天地感而萬物化生，聖人感人心而天下和平，觀其所感而天地萬物之情可見矣！」

恆卦：「天地之道，恆久而不已也。日月得天而能久照，四時變化而能久成，聖人久於其道而天下化成。觀其所恆，而天地萬物之情可見矣！」

歸妹：「歸妹，天地之大義也，天地不交而萬物不興。歸妹，人之終始也。」

豐卦：「日中則昃，月盈則食，天地盈虛，與時消息。而況於人乎？況於鬼神乎？」

節卦：「天地節而四時成，節以制度，不傷財，不害民。」

革卦：「天地革而四時成，湯武革命，順乎天而應乎人。」

這些話的句式都非常一致，前面講天道，後面引申出人道。與此類似的是《老子》中的一些話：

天地不仁，以萬物為芻狗；聖人不仁，以百姓為芻狗。

天長地久，天地之所以能長且久者，以其不自生，故能長生。是以聖人後其身而身先，外其身而身存。非以其無私邪，故能成其私。

江海之所以能為百谷王者，以其善下之，故能為百谷王。是以聖人欲上民，必以言下之。欲先民，必以身後之。

這裡表現出相同的思考模式，即把人道建立在天道之上，推天道以明人事。但是，其間的差別也是明顯的。對於天道，老子強調其自然無為的方面，所以人道也是如此，聖人要「處無為之事，行不言之教」，這樣「我無為而民自化」。《彖傳》則不同，它的理解具有強烈的儒家色彩。以下分幾點論述。

㈠、道德教化

《彖傳》認為，民之化要依賴於聖人之教，所以，上引的材料很強調教化的重要。教的來源是天之神道，這裡神並非鬼神之神，而是變化神妙莫測的意思。神道即變化之道。聖人依據此變化之道設立教，就可以變化人心，所以賁卦和離卦都提到化成天下，恆卦也說天下化成。

教化是儒家政治思想中的一個最重要內容，也是其特色所在。比較起來，道家是不教而自化，法家是以法來化，只有儒家是以教來化。《論語》中記載孔子應答弟子的問題，民富庶之後，就需要「教」。而教的內容，就是德，就是禮樂，所謂「道之以德，齊之以禮，民有恥且格」（《論語．為政》）。在新發現的郭店楚墓竹簡屬於儒家的文獻中，特別強調禮樂教化的重要。以為教的目的是「生德於中者也」❽。《彖傳》的傾向與此是一致的。它雖然沒有提到仁和禮，但其德教的色彩是非常濃厚的。《彖傳》強調要「德合無疆」（坤卦），「日新其德」（大畜），都體現出對德的推崇。這表現於政治上，就要求聖人了解百姓的心思，所以，咸卦說「聖人感人心而天下和平」，感是感應、了解。要愛民保民，如節卦說「不傷財，不害民」，還有就是刑罰要清楚明白，這樣百姓才心悅誠服。

《彖傳》對益卦的解釋集中體現出其愛民保民的態度。它說：

> 益，損上益下，民說無疆。自上下下，其道大光。利用攸往，中正有慶。

上下指統治者和百姓，將統治者的利益分一些給百姓，這就是益卦。如此則百姓無比喜悅，聖人之道也能發揚光大。

在儒家教化理論中，有一個重要的環節，就是要求聖人，君主必須以身作則，為民眾作出榜樣。《彖傳》也指出了這一點，它解釋兌卦說：

> 兌，說也。剛中而柔外，說以利貞，是以順乎天而應乎人。說以先民，民忘其勞。說以犯難，民忘其死。說之大，民勸矣哉！

在勞苦危難之時，在上位者要樂於先民而動，這樣民才會捨生忘死，為君所用。勸就是化服的意思。

在儒家德教之中，禮是一個重要的內容。《彖傳》中雖然沒有禮字，但節卦中的「制度」概念實際上相當於禮，而禮的實際內涵也多有體現。如其對家人卦的解釋：

> 家人，女正位乎內，男正位乎外。男女正，天地之大義也。家人有嚴君焉，父母之謂也。父父，子子，兄兄，弟弟，夫夫，婦婦，而家道正。正家而天下定矣。

《論語》中記載孔子論「正名」時說「君君，臣臣，父父，子子」（《論語・顏淵》）。正名就是復禮，因為禮的核心就是名分。而這裡所說的「男女正」，「父父，子子，兄兄，弟弟，夫夫，婦婦」，就是禮。家道就是家禮。

(二)、尚賢養賢

尚賢是儒家一貫的主張，墨家也把它列為十大學說之一。養賢的說法則始於《孟子》，它的提出應該與戰國時期流行的養士之風有關。《孟子・萬章篇》引子思的話說：「悅賢不能舉，又不能養也，可謂悅賢乎？」提出國君應該養賢，並舉堯養舜的例子來說明。《彖傳》也主張尚賢，並且對養賢特別強調。其釋大畜卦說：

> 大畜，剛健篤實輝光，日新其德，剛上而尚賢。能止健，大正也。不家食吉，養賢也。利涉大川，應乎天也。

大畜卦乾下艮上，上下都是陽卦。所以說「剛健篤實輝光，日新其德。」具有這種品質的人就是賢人。《彖傳》以陽爻比賢人，大畜卦陽爻居上位，所以說「剛上」，剛為賢，因此，該卦有尚賢之象。很有意思的是把「不家食吉」解釋為養賢，雖然與卦辭的原義相距較遠，但更能顯出作者竭力要把養賢的主張注入到《周易》中去的用心。

《彖傳》中提及養賢的還有頤卦和鼎卦：

> 頤，貞吉，養正則吉也。觀頤，觀其所養也。自求口實，觀其自養也。天地養萬物，聖人養賢以及萬民。頤之時大矣哉！
>
> 鼎，象也。以木巽火，亨（烹）飪也。聖人亨以享上帝，而大亨以養聖賢。巽

而耳目聰明，柔進而上行，得中而應乎剛，是以元亨。

其中頤卦就緊接在大畜卦之後，可見《彖傳》作者是想集中發揮養賢的思想。在鼎卦中，賢之前加了一個聖字，變成了養聖賢，並非偶然。後面說「耳目聰明」，正是就聖賢說的。古代聖字的寫法，本來就是從耳的，耳聰就是聖，馬王堆帛書《五行篇》中說「聞而知之，聖也」，即此義。賢人就是智者，智是依靠目明，目明就是智，《五行篇》說「見而知之，智也」，即指賢人而言。

《彖傳》發揮養賢思想的幾個卦，有一個共同點，即都與食有關。大畜卦有「不家食」三個字，頤卦有「自求口實（食）」四個字，鼎卦有烹飪之象。儒家比德於色，如《中庸》的「好德如好色」，《五行》的「由色喻乎禮」，一般人知道的較多，像這裡的比德於食，討論的就較少。實際上孟子解釋《詩經》「既醉以酒，既飽以德」，說「言飽乎仁義也」（《孟子．告子上》），也是比德於食。食色同作為性，儒家在將它們向德義方向發展上，是同樣看待的。

㈢、順天應人

《彖傳》的政治思想非常強調「順天應人」。其釋兌卦和革卦都提到行事需「順乎天而應乎人」。順天是順從天命，應人是應乎人心。《彖傳》解釋萃卦說：

萃，聚也。順以說，剛中而應，故聚也。王假有廟，致孝享也。利見大人亨，聚以正也。用大牲吉，利有攸往，順天命也。觀其所聚，而天地萬物之情可見矣！

萃卦的卦象是坤下兌上，坤為順，兌為說。剛中指九五爻，與六二有應。一般而言，九五為天位（帝位），《彖傳》以卦辭中的王當之，六二象徵在下位者，它應和九五，就是百姓應和王。所以有百姓聚集於王周圍的意思。後面進一步指出順是順天命，而天命的內容，就是「聚以正」的正。《彖傳》解釋無妄卦說：

大亨以正，天之命也。其匪正有眚，不利有攸往。無妄之往，何之矣。天命不祐，行矣哉。

這可以說是對天命的一個說明。亨是通，「大亨以正」是說守正就能亨通，其中心是正。因此如果行事不正，就與天命相違背，天命也不保佑這樣的人。這個時候，以正去除不正，就是合乎天命的舉動。

《彖傳》因此提出「革命」的理論。其解釋革卦說：

革……文明以說，大亨以正。革而當，其悔乃亡。天地革而四時成，湯武革命，順乎天而應乎人，革之時大矣哉！

「大亨以正」，即上面講的天命。革是變革、革命的意思。自然界中就有革命，如四時的更替，由春到夏，由秋到冬，就是天地的革命。革命一定要適當，適當的標準就是順乎天而應乎人，像湯武推翻桀紂的革命，就合乎這個標準。這是肯定湯武革命的合理性，認為其順天應人。從現有的資料來看，此種思想的萌芽見於《墨子》，《非攻下》有如下的一段話：

> 今還夫好攻伐之君，又飾其說以非子墨子曰：以攻伐之為不義，非利物與？昔者禹征有苗，湯伐桀，武王伐紂，此皆立為聖王。是何故也？子墨子曰：子未察吾言之類，未明其故其也。彼非所謂攻，謂誅也。

這是把攻和誅區別開來。在墨子看來，攻是天所反對的，而誅則是奉天命行事的。所以湯武誅桀紂之前，都接受了天的命令，並且得到了其他諸侯的支持。這與《彖傳》講的順天應人有類似之處。不過，《彖傳》講的天命與墨子不同，墨子的天命是有意志的天的命令，《彖傳》的天命只是一個義理性的規定。從這來看，《彖傳》更接近於孟子的講法。孟子也提到湯武的故事，《梁惠王篇》記載：

> 齊宣王問曰：湯放桀，武王伐紂，有諸？孟子對曰：於傳有之。曰：臣弒其君，可乎？曰：賊仁者謂之賊，賊義者謂之殘。殘賊之人，謂之一夫。聞誅一夫紂矣，未聞弒君也。

這裡也使用了誅字，與墨子相同，不知道是否受了墨子的影響。孟子肯定湯武之事的合理性，把它與弒君做了區別。而其合理性的體現，這裡沒有詳論。不過，孟子在《萬章篇》中曾提及天下轉移的依據在於天，而天不言，僅以行與事來表現。所謂的行與事，主要指天和人兩方面。孟子說：

> 昔者堯薦舜於天而天受之，暴之於民而民受之……使之主祭而百神享之，是天

受之。使之主事而事治，百姓安之，是民受之也。天與之，人與之。

天與之，人與之，就是《彖傳》講的「順乎天而應乎人」。比較而言，《彖傳》的說法更像是對墨子孟子之說的概括。這個說法，在政治哲學中，就是把政權的合理性建立在德性而不是傳統之上，明顯體現了儒家政治思想的特色。

【註　釋】

❶ 李鼎祚《周易集解》引劉瓛語，見李道平《周易集解纂疏》，中華書局，一九九八年，第三十五頁。

❷ 高亨《周易大傳今注》，齊魯書社，一九七九年，第七頁。

❸ 參見李鏡池於《周易探源》中的相關論述，中華書局，一九七八年，第三百三十八—三百四十三頁。

❹ 朱伯崑《易學哲學史》，上冊，北京大學出版社，一九八六年，第四十一—四十三頁。

❺ 郭說見其所著《周易》之製作的論文，收入《郭沫若全集・歷史篇》第一卷，人民出版社，一九八二年出版。

❻ 劉笑敢《莊子哲學及其演變》，中國社會科學出版社，一九八八年。

❼ 《道家文化研究》，第三輯，上海古籍出版社，一九九三年，第四百三十一頁。

❽ 見《性自命出》、《郭店楚墓竹簡》，文物出版社，一九九八年。

第三章　《彖傳》

在《易傳》中，《象傳》解釋的是《周易》六十四卦的卦象、卦名、爻象和爻辭，而不及卦辭。其中解釋卦象、卦名的部分又稱《大象傳》，解釋爻象和爻辭的部分又稱《小象傳》。《象傳》和《彖傳》一樣，都隨經文分作上、下兩篇，我們應注意這兩篇並不是指《大象傳》和《小象傳》而言的。《象傳》的得名，主要由於它側重從卦象及其所取的物象和爻象的角度解說卦名、卦義和爻辭。

一、《象傳》的寫作年代

《象傳》寫作的年代，在歷史上並沒有直接的材料可以證明。但是，它寫於《彖傳》之後，應該是可以推知的。譬如《象傳》解釋了卦象、卦名、爻象和爻辭，惟獨沒有解釋卦辭。對此現象最方便的解釋，就是在它之前已經有了解釋卦辭的作品、而這作品顯然非《彖傳》莫屬。

在現代學者中，李鏡池、高亨都指出過這一點。我們且引高亨的說法：

《象傳》僅解六十四卦之卦名，卦義及卦辭、不解爻辭。《象傳》解六十四卦之卦名、卦義及三百八十四條爻辭，不解卦辭。《象傳》何以只解爻辭，而不解卦辭哉？其因《象傳》已解卦辭，不須重述，灼然甚明。此《象傳》作於《象傳》之前之明證。❶

這個理由雖簡單卻很有說服力，因此，差不多成了現當代學者的共識。依照我們上章對《象傳》年代的看法，《象傳》寫作的上限最早不得超過戰國中期，所以，它還來得及引用《論語》上的話。這指的是《大象傳》對艮卦的解釋：

兼山，艮。君子以思不出其位。

類似的話見於《論語·憲問篇》，並被認為是曾子所說。《論語》的完成，照一般的說法，是在戰國早中期，《象傳》的寫作，至少要比這更晚。可以幫助說明《象傳》年代的，還有《小象傳》中經常出現的爻題。如其釋坤卦提到六二，比卦提到初六等。就目前所知，春秋時期爻題肯定沒有出現，所以，當時人稱某一爻都用某卦之某卦的方式非常複雜，詳情可以參考春秋時期的筮例。有學者曾認為《左傳》中記載的《易象》即是《象傳》，僅從爻題一點看，就是不可能的。爻題的出現至少在戰國時期。

至於晚到何時，卻是一個很大的問題。從前的學者曾經有過不同的說法，從戰國到秦漢之際、到西漢初期，都有人主張。《禮記·深衣》曾引《象傳》的文字，「故易曰：六二之動，直以方也」，這話顯然是指《小象傳》解釋坤卦六二爻辭「直方大，不習，無不利」的文字。《禮記》中各篇文章的寫作年代不一，很多都作於西漢時期。無論如何，《象傳》作於《深衣》之前一段時間，是可以肯定的。

以下先討論《大象傳》，再討論《小象傳》。

二、《大象傳》解經的體例

《大象傳》隨《周易》六十四卦可以分作六十四條，每一條的解說模式都是一樣的，先言重卦卦象，次舉卦名，最後引出人事。所以，從形式上言非常整齊而有系統。而且這種先卦象、次卦名、後人事的次序並非是無意的安排，它一方面與經文先卦象後卦名的形式相一致，另一方面，更表現出根據卦象及其所取的物象來解釋卦名及卦義的意圖。我們先舉兩個例子來看一下，譬如《大象傳》解釋謙卦和訟卦說：

> 地中有山，謙。君子以裒多益寡，稱物平施。
>
> 天與水違行，訟。君子以作事謀始。

就謙卦來說，其內卦為艮，外卦為坤。在八卦所取物象中，艮為山，坤為地。謙卦象艮下坤上，所以說「地中有山」。「地中有山」為什麼是謙卦呢？漢代經師鄭玄對此曾有解釋，他說：

> 山體高，今在地下。其於人道，高能下下，謙之象。❷

意思是說山高地低，山本居於地的上面，如今卻處在地下，實包含著謙虛之義。所以，該卦名謙。世間的君子看到此卦象，就要培養謙虛的德性，損有餘而補不足、衡量物情而公平施予。

訟卦的卦象是坎下乾上，坎為水，乾為天。天居上，而水潤下，其行相反。另外，依照古人的觀察、天行西北，水行東南，如《淮南子・天文訓》所說：

> 天不足於西北，故日月星辰移焉；地不滿於東南，故水潦塵埃歸焉。

天與水的運行方向正好相反，所以說「天與水違行」。違行則必產生爭議，因此，該卦就以「訟」為名。君子看到此卦象，應生恐懼戒惕之心，防微杜漸，遠離訟端，所以說「作事謀始」。

其他各卦與謙卦、訟卦的情形基本是一樣的，只是關於乾、坤兩卦，需要做一些特別的說明《大象傳》解釋乾、坤兩卦的文字是這樣的：

> 天行健，君子以自強不息。
>
> 地勢坤，君子以厚德載物。

從前的人大都如此斷句，而且認為《大象卦》解釋乾坤兩卦的體例與其他卦不同。例如李鏡池說：

> 「《象傳》的卦象說與卦德說多半是分開的，但也有兼言卦象與卦德的。例如乾坤兩卦，是卦象與卦德連言，而乾坤六子（即坎離等六卦）則只言卦象。『天行

健』，天是卦象，而健則卦德。『自強不息』，是從『健』德引申出來的。『地勢坤』，地（土）是卦象，坤是卦德。這坤字不是《坤卦》之名，坤借為順。」❸

這裡所說代表了一般的見解，但讀起來總有不妥的感覺。古人於體例是極其強調的，所以我們如能有一貫的解釋就不必另尋他途。幾十年前，曾有一篇文章談及此事，認為《大象傳》釋乾坤兩卦的文字應這樣斷句：

天行，健，君子以自強不息。

地勢，坤，君子以厚德載物。

並且認為「健」就是「乾」，指卦名。「天行」和「地勢」都是對卦象的說明❹。這樣，乾坤兩卦的體例就與其他六十二卦一致了。這說法提出後，似乎沒有產生多大的影響，因為沒有多少學者接受它。但馬王堆帛書《周易》的發現卻可以給它支持。在帛書《周易》中，乾卦的乾字作「鍵」，乾、健、鍵古代音近義通，可以通假。這就更有助於說明「健」即「乾」，應指卦名。所以，《大象傳》對乾、坤兩卦的解釋仍然是循著先卦象，次卦名，次卦義（人事）的一般模式進行的。

《大象傳》對卦象的解釋，有如下的幾個特點。

第一，它顯然以重卦的觀念為基礎，把一個六畫卦分為上、下或內、外兩卦，然後以內外兩卦的相對關係來說明卦名與卦義。這與《彖傳》強調爻位常不同。卦分內外，至少在春秋時期便是如此。這從《左傳》和《國語》所載春秋時期的筮例中可以看出，

《尚書・洪範》中曾經提到「貞」和「悔」，照後人的解說，內卦為貞，外卦曰悔。如此，則《洪範》時已有內外卦之分。《彖傳》在解釋《周易》時，已經根據內外卦關係解說卦義，但並未成為通例。到《大象傳》則嚴格依上下或內外卦關係來解說卦義，而無一例外。

第二，其論說上下卦的方式，並無一定之規。於八經卦之自重者，因上下卦相同，故突出其重複之特點。如兌卦稱麗澤，麗是附麗、連續之意。巽卦稱隨風，即風與風相隨。艮卦稱兼山、離卦稱明兩作，語意非常明顯。震卦稱洊雷，坎卦稱小洊至，洊是重疊、連續之意。乾卦、坤卦則分別以天行、地勢表示。於其他五十六卦，則或先舉下卦，如「木上有水，井」，「雷電，噬嗑」之類；或先舉上卦，如「雲雷，屯」「風行水上，渙」之類；或僅言上下卦卦象，如「雷風，恆」，「風雷，益」等；或進一步說明其間之關係，如「天與水違行，訟」，「澤滅木，大過」等。要之，以能夠解釋清楚為原則。

第三，與《彖傳》解釋卦象相比，《彖傳》更重視卦之德性，如以震為動，坎為險，艮為止，乾為健等；而《大象傳》則只從卦之取象方面立論，絲毫不涉及卦德。似乎有意與《彖傳》做一區別。而且，其於八卦中每一卦之取象，都力求單純，只論其基本物象，不及雜象。據統計，《大象傳》所述八卦之所取物象如下：

乾為天；

坤為地；
震為雷；
巽為風，為木；
坎為水，為雲，為雨，為泉；
離為火，為電，為明；
艮為山；
兌為澤。

可知，除巽、坎、離三卦之為兩種或兩種以上外，其餘諸卦都取單一物象。

但是討論卦象並不是《大象傳》的核心意圖，它的目的乃是藉卦象來說明卦名的來源，並進而給卦義提供依據。此前，《彖傳》曾對部分卦名的來由進行過解釋，如「上剛下險，險而健，訟」，這是對訟卦名義的說明。其說明的根據也在卦象，不過是取卦之德性的方面。象訟卦的卦象是坎下乾上，坎為險，乾為剛、為健，所以說「上剛下險，險而健」。有些時候，《彖傳》是以爻位說來解釋卦名，如「大有，柔得尊位大中，而上下應之，曰大有」。即是此類。如前所述，《大象卦》與此不同。一方面它不取爻位說，而專門注意內外卦關係；另一方面不取卦德說，而專門根據八卦所取之基本物象。在此基礎上以卦象來解釋卦名。我們隨便舉幾個《大象傳》釋卦名的例子：

天與火，同人。

澤中有火，革。

雷在天上，大壯。

《同人》卦乾上離下，乾為天，居上卦。離為火，雖居下卦，但火性炎上，上同於天。二者性情相合，所以取名「同人」。《革》卦離下兌上，離為火，兌為澤。澤本為水，於乾涸反而為火所據，發生了很大的變革，所以取名「革」。《大壯》卦乾下震上，乾為天，震為雷。雷本應屬於天、現反居天上，氣勢太盛，所以取名「大壯」。值得注意的是，在《左傳・昭公三十二年》所載史墨的話中，曾經有「雷乘乾曰大壯」之語，那裡似含有以卦象來說明卦名的意思。

關於《周易》卦名的來歷，現代學者也曾進行過討論。較有代表性的是高亨和李鏡池等人的看法，主要從卦爻辭中來考察卦名的來源。高亨說：

> 《周易》六十四卦，卦各有名，先有卦名乎？先有筮辭乎？吾不敢質言之也。但古人著書，率不名篇，篇名大都為後人所追題，如《書》與《詩》皆是也。《周易》之卦名，猶《書》、《詩》之篇名，疑筮辭在先，卦名在後，其初僅有六十四卦形以為別，而無六十四卦名以為稱。依筮辭而題卦名，亦後人之所為也。❺

他總結出卦名出於筮辭的幾種不同情形，如乾之得名是由於九三爻辭中的「君子終日乾乾」句，噬嗑之得名是由於爻辭中多有「噬」字，大畜之得名是由於爻辭中提到牛、豬等大的家畜等。高亨同時也意識到此說法的一些問題，如一些卦的卦名與卦爻辭無關，或者如乾卦，爻辭多有「龍」字，為何不以龍名卦等。後來，李鏡池更進一步完善此說，認為「卦名和卦爻辭全有關聯」❻。詳細論述見其《周易通義》一書。

按照高亨、李鏡池的說法，卦名出於卦爻辭，而卦爻辭又來於既往占筮的記錄，那麼，在卦爻象和卦名之間就沒有必然的、有意義的聯繫。若與《大象傳》對卦名的解釋對照，其取向正好是相反的。《大象傳》的主張，是以卦象與卦名之間有必然聯繫。《彖傳》的解釋角度雖與《大象傳》有異，但在卦象與卦名有必然關係這個問題上，二者是一致的。我們暫且不論關於卦名來源的意見哪一個更準確，但《大象傳》的說法無疑更有意義。意義之一是由這種解釋，它把卦象和卦名（在一定程度上也包含卦辭）視為具有內在（而非外在）聯繫的整體，為進一步討論象（卦爻系）、辭（卦爻辭）關係奠定了基礎。意義之二是在自然現象與人事之間建立起了內在的聯繫。依《大象傳》的看法，八卦之象都是自然現象，上、下卦之間的關係是自然現象之間的關係，而卦名則大部分都與人事相關，或者說具有自然與人事的雙重內涵。這為進一步從卦象和卦名中引申出人間哲理創造了條件。

除了卦象和卦名外，《大象傳》中另一個重要的內容是涉及人事的文字。它們大部分以「君子」開頭，有時也用「先王」、「後」、「大人」等。這部分內容其實也可以稱為卦義，至少是卦義的引申，因為它是在卦象的基礎之上領悟出來的，而且很顯然被《大象傳》的作者視為核心內容。我們可以舉幾個例子看一下。如乾卦《大象傳》說：

天行，健，君子以自強不息。

天行是對該卦卦象的說明，「行」是運動無止之義，所以該卦名「健」（即乾），而君子觀此卦象，也應效法天的運行無止，培養自強不息的德行。

又如坤卦《大象傳》說：

地勢，坤。君子以厚德載物。

地勢是對坤卦卦象的說明，「勢」即態勢，地勢的態勢是於萬物無不承載，君子觀察此卦象，即應效法大地，積蓄德行以承載萬民。其他卦的解說與此大致相同。若依個人的眼光，這當中幾個部分之間顯然沒有必然聯繫，但也不是毫無瓜葛。可以說「持之有故，言之成理」。對於一個一心想把《周易》哲理化的人來說，這工作已經相當不錯了。經過這樣的步驟，《周易》六十四卦就不再是占筮時表示吉凶的符號，而是成為六十四種德行的象徵了。

三、《大象傳》的義理

如上所述，《大象傳》的解經，是藉卦象來說明卦名，並引申出卦義。其論述卦義的部分可以說是作者的用心所在，在一定意義上，我們可以說整個《大象傳》的創作，就是為了把這體現作者獨特用心的卦義部分接續到卦象和卦名之上，把《周易》變成表達其各種主張的素材。從這裡，我們可以了解作者的價值取向和學派歸屬。

以下，分幾個問題討論《大象傳》的思想。

(1)君子的教科書。《大象傳》並沒有從整體上討論《周易》的性質，但從其論述來看實際上是把該書看成一部「君子」的教科書。《大象傳》卦義部分給人的第一印象，便是其中大量的「君子」字眼。據統計，在整個六十四卦的解釋中，有五十三卦是講「君子」的，另有七卦提到了「先生」，兩卦提到了「后」，一卦提到了「大人」和「上」。這些稱呼，如果我們放在先秦諸子的範圍中看的話，很明顯具有儒家的色彩。譬如「君子」一詞，就是一個典型的儒家術語，其他門派是不用或甚少用的。就其本義而言，「君子」指君之子，稱有地位的貴族階層，與指稱普通人的「小人」相對。從《論語》上來看，孔子非常喜歡使用「君子」、「小人」的稱呼，不過其含義更多地偏向於文化及道德價值的方面。如「君子喻於義，小人喻於利」是說做事曉得義的就是君子，只曉得利的則是小人。這就將「君子」一詞的重心從地位的方面放到德行的方面。從《大象傳》對君子的敘述來看，地位與德行是兼而有之的。《大象傳》的目的，似乎是想把《周易》看作是「君子」的一部教科書，讀了它可以培養「君子」的德行，成就「君子」的人格和事業。後人說「易為君子謀，不為小人謀」也可作如是觀。

(2)育德保民。《大象傳》非常重視「德」的培養和蓄積，其釋蒙卦說：「君子以果行育德」，釋小畜卦說：「君子以懿文德」，（「懿」有修的意思）釋蠱卦說：「君子以振民育德」，釋大畜卦說：「君子以多識前言往行，以畜其德」，釋晉卦說：「君子以自昭明德」，釋蹇卦說：「君子以反身修德」，釋升卦說：「君子以順德，積小以高大」，都是講修德、蓄德之意。儒家自孔子開始，就很重視「德」的觀念，於修身言「志於道，據於德」，於治國言「導之以德，齊之以禮」。《大象傳》顯然是繼承了這種重視「德」的傳統。比較而言，它更強調德的可累積性，所以常常使用「積」、「畜」、「養」等詞。這與荀子思想有一致之處。

至於積蓄、培養德行的方法，就《大象傳》所言，約有如下幾種。

一是「多識前言往行」，即儘可能多地了解過去的言論和行為，從中得到教益。為此就要虛懷若谷，不恥下問，所以《大象傳》釋咸卦云：「君子以虛受人」。這是講「知」的方面。

二是「遏惡揚善，順天休命」（《大象傳》釋大有卦語，以下凡《大象傳》文僅出卦名）。遏即遏止，揚是弘揚，休是美、善之意。這是說要遏止惡念惡行，弘揚善端善行，以遵循美善的天命。為此君子應談「見善則遷，有過則改（益卦）」，「非禮勿履」（大壯卦）。這是講「行」的方面。

三是循序漸進，由微而著，由小而大。如升卦所說：「積小以高大」。為此就要「作事謀始」（訟卦），即行事要防微杜漸，「思患而豫防之」。（既濟卦）同時要有恆心，所謂「言有物而行有恆」（家人卦），「立不易方」（恆卦），是也。

四是「懲忿窒慾」（損卦）懲即抑制，窒是堵塞，即抑制忿怒之心，堵塞貪慾之門。「慾」並不是所有的慾望，而是特指貪慾。對於正常的慾望，《大象傳》並不反對，相反還予鼓勵，如「飲食宴樂」（需卦），「向晦入宴息」（隨卦）等。

人忿怒之時，往往表現於言語，故應「慎言語」（頤卦）。飲食宴樂也不應過度，故需「節飲食」（頤卦）。

五是「朋友講習」（兌卦）。自孔子起，儒家於朋友一倫即非常重視，《論語》中有「無友不如己者」，「君子以文會友，以友輔仁」的話，提示出交友的重要。《大象傳》對此也頗留意，所謂「類族辨物」（同人卦），「慎辨物居方」（未濟卦），未嘗不包含這樣的意思在裡面。對於小人，一定要疏遠，所謂「遠小人，不惡而嚴」（遁卦）。

六是「儉德避難，不可榮以祿」（否卦）。這是講特殊時期的君子修養德行的方式。否卦從卦象上來說，是天地不交，閉塞不通。其於現實社會中的表現便是「天下不通」。當此之時，君子縱內含美德，也應收斂不發，不可貪圖名利、榮祿，為「昏上亂相」所用，而招致殺身之禍，這就是儒家常講的「窮則獨善其身」。《大象傳》釋大過卦還說：「君子以獨立不懼，遁世無悶」，這也是就君子居無道之世而言。獨立不懼是說不同流合污，雖有危險，卻不懼怕，泰然處之。遁世即「不可榮以祿」，名聲不顯，形單影隻，但不覺苦悶。《中庸》所說「遁世不見知而不悔」，與這是最相似的。

以上所說，都是積蓄德行的方法。君子厚其德行的目的，並非只求自己的提升，更重要的，是為了治國平天下，《大象傳》釋坤卦語「君子以厚德載物」就是這個意思。對於君子而言，這個「物」不是自然界中的萬物，而是社會中的萬民。君子承擔有容民、保民的責任，其釋師卦云：「君子以容民畜眾」，釋蠱卦云：「君子以振民育德」，釋臨卦云：「君子以教思無窮，容保民無疆」，釋剝卦云：「上以厚下安宅」，釋師卦云：「君子以施祿及下，居德則忌」，都表示出君子對民的保護與關心。當然，這種保護與關心不應該僅僅是物質性的「施祿」或「厚下安宅」，即孔子所說的「富之」，更重要的是要以德來教化民眾。

(3)禮樂教化。教化是儒家政治哲學中的重要概念。一方面，它與老子的「不言之教」、「無為而民自化」形成鮮明的對比，另一方面，與法家的「以法為教」不同，它以德為教化的主要內容，而德教的核心，便是禮樂。孔子的教學，於禮樂極其重視，這從「興於詩，立於禮，成於樂」一語中便可看出。這種教學，也可以說是教化的一種表現形式。作為儒門解易的文獻，《大象傳》也表現出了禮樂教化的主題。其中出現了三次「教」字，分別見於臨卦「君子以教思無窮，容保民無疆」，觀卦「先王以省方觀民設教」，和坎卦「君子以常德行習教事」。不難看出，這三個「教」字都與教化民眾有關。

既然主張教化，當然不能離開禮和樂。《大象傳》雖然沒有言及仁義，但對禮樂卻未敢輕忽。「非禮勿履」（大壯卦）的話已見前引，足以與《論語》的「非禮勿視，非禮勿聽，非禮勿言，非禮勿動」相發明。其他地方雖然沒有提到「禮」字，但禮的觀念都是蘊含其中的。如「上天下澤，履。君子以辨上下，定民志」顯然就在發揮禮的精神，因為「辨上下」正是禮的主要功用之一。「君子以制數度，議德行」（節卦），「數度」應該也是以禮為基本內容的。至於「君子思不出其位」（艮卦）和「君子以行過乎恭，喪過乎哀，用過乎儉」（小過卦），都是出於禮的要求。前句話見於《論語》，上文已談到。其實後面的話，與《論語》似乎也有關係，我們看《八佾篇》的這句話「禮與其奢也，寧儉；喪與其易也，寧戚」，與它是非常類似的。

在各種禮儀中，《大象傳》特別重視祭禮。其對渙卦的解釋是「風行水上，渙。先王以享於帝，立廟。」「享於帝」是指祭祀皇天上帝，「立廟」則是為了死去的祖先。其釋豫卦云：「先王以作樂崇德，殷薦之上帝，以配祖考」，這裡提到了「樂」，它是祭禮儀式中不可或缺的部分。同時也提到了對上帝和祖先的祭祀。《大象傳》之所以特別重視祭祀，其理由大概可以用《論語》中「慎終追遠，民德歸厚矣」的話來說明，與教化也是分不開的。

(4)明罰慎刑。在儒家政治哲學中，與禮樂教化並行不悖的是刑罰制度。前者可以稱為德，而後者便是刑。《大象傳》釋噬嗑、豐兩卦說：

> 雷電，噬嗑。先王以明罰敕法。

雷電皆至，豐。君子以折獄致刑。

值得注意的是這兩卦都是從雷電中引申出刑罰。雷電作為自然現象，常常給人驚慄恐懼之感，因此被古人想像為上天發怒施刑的一種方式。《大象傳》的作者更把這與人間的刑罰聯繫起來。「明罰敕法」是訂立法令，明確刑罰，「折獄致刑」是斷案量刑。因為刑罰是人命關天之事，所以，君子於此應慎之又慎。其釋賁、旅兩卦說：

山下有火，賁。君子以明庶政無敢折獄。

山上有火，旅。君子以明慎用刑而不留獄。

賁、旅兩卦象都由艮和離組成，而且分別是噬嗑和豐的覆卦。《大象傳》作者於此集中說明其對刑罰的看法。「明庶政」是明察政事，「無敢折獄」，依程頤說，是「不敢以虛文斷獄而失其情實」，應是鄭重其事之義。「明慎用刑」是了解慎用刑罰之理，「不留獄」即不拖延獄案。以上可見作者對慎用刑罰的重視。

與德治的精神相一致，儒家還有「赦罪」的說法，特別是對一些較小的犯罪，更應適當赦免。所謂「有大罪而大誅之，有小過而赦之」即是此義。《大象傳》也發揮了這層意思，其釋解卦云：

雷雨作，解。君子以赦過宥罪。

赦是免，宥是寬。「赦過宥罪」就是赦免。寬宥罪過。

又其釋中孚卦云：

> 澤上有風，中孚。君子以議獄緩死。

議是審議，緩是寬緩。雖是大罪，在某些情形下，君子也應懷寬緩之心。

以上略述《大象傳》的思想，我們發現它是更偏向於政治領域的。其所謂「君子」，在很多時候都可看出是有位者，更不用說「先王」、「后」、「上」或者「大人」了。這部君子的教科書，如果更具體一點講，可以說是君子的政治哲學教科書。當然，從內容上來說，《大象傳》對儒家政治哲學並沒有貢獻什麼新的東西，但是，其意義在於把儒家政治哲學的主張與《周易》，特別是與《周易》的卦象結合了起來。從而使《周易》由原來的卜筮之書，變成了一部可以闡發儒家思想的經典。

與《彖傳》相比，《大象傳》具有更切近人事的特點。它絕口不提那些純粹的天道問題——這些問題在《彖傳》中占有相當的篇幅。在其文字中，只有對泰卦的解釋「後以財成天地之道，輔相天地之宜，以左右民」中提到了天地之道，而且其具體意義如何，也沒有具體說明，但「后」了解、利用天地之道的目的是很清楚明白的，即「以左右民」。這仍然是歸結於人事特別是政治的主題。但是，若由此認為《大象傳》不重視天道，不重視天道和人事的關聯，那就大錯特錯了。

事實上，如我們在開始討論《大象傳》時就提到的，其對卦象的說明其實就是探討自然現象之間的各種關係，就是探討與天道有關的問題，而由此引申出人事的內容，正是認為在天道和人事間存在一致性，而且人事以天道為基礎。《繫辭傳》曾說「觀象制器」，《大象傳》這裡則是「觀象制事」了。

四、《小象傳》解經的體例

與《彖傳》和《大象傳》相比，《小象傳》的解經，是從卦轉到了爻的上面。它解釋的對象是六十四卦每一卦的爻辭，同時還包括用九和用六後面的文字，它的目的，就是要說明為什麼這一爻後面要繫這樣的辭，以及這辭的意義如何。在現代學者中，很多人都批評《小象傳》的寫作非常隨意、淺薄，它不僅漏掉了很多爻辭不加解釋，或者有解釋，也只是無意義的重複，而且有時候解釋的文字與經文的意義正好反對。這或許可以理解成是「淺人所為」，但是，也許其中正包括著作者的獨特用心。

《小象傳》解釋經文的文字通常都比較簡潔，以四字居多，而且大都有韻。如其釋乾卦六爻爻辭是：

潛龍勿用，陽在下也。
見龍在田，德施普也。
終日乾乾，反覆道也。
或躍在淵，進無咎也。
飛龍在天，大人造也。

亢龍有悔，盈不可久也。

這是先舉出爻辭的全部或部分，然後進行解說。解說性的文字都以「也」字結尾，與前面的爻辭形成說明或者引申的關係。這也是《小象傳》通常的句式。但間或也有先出解釋性文字，再引爻辭的情形，如解卦初六爻辭是「無咎」，《小象傳》說「剛柔之際、義無咎也」。這是由於爻辭字數少於四字，為了句式整齊，只好做變通的處理。此種情形並不多見。

《小象傳》對爻辭意義的解釋大抵是採取爻位說。所謂爻位是指一爻在整個卦中的位置。一般而言，爻位包括這樣幾方面含義：一是依自然順序所劃分的初、二、三、四、五、上這「六位」；二是依爻位的奇偶而劃分的陰、陽之位，即初、三、五為陽位，二、四、上為陰位；三是依其處在內卦還是外卦而形成的內、外之位。

這幾種含義中，前兩種先前的學者多有談及，後一種較少注意；其實也是很重要的，爻位說不見於春秋時期的易說，基本是由《象傳》最早提出。《象傳》經常結合爻位來說明卦名和卦辭，並提出了中位、當位、應位等不同的體例。《小象傳》採取爻位說，應是受了它的影響。

《小象傳》關於爻位的說法很多，以下分別討論：

(1)中位說。中位說與內外卦的區分是聯繫在一起的。內卦的中位是二爻，外卦的中位是五爻。這樣，對於一個六畫卦而言，二、五爻所處便是中位。《小象傳》對於中位是很重視的，在解釋過程中，經常使用「中」、「中道」、「中心」、「中行」、「中正」、「正中」或「中直」等詞來解釋二或五爻。據統計，以「中」字作解的有十三爻：

坤六五：文在中也。
小畜九二：牽復在中。
履九二：中不自亂也。
泰六五：中以行願也。
大有九二：積中不敗也。
豫六五：中未亡也。
臨六五：行中之謂也。
復六五：中以自考也。
大畜九二：中無尤也。
坎九二：未出中也。
坎九五：中未大也。
恆九二：能久中也。
大壯九二：以中也。

以「中道」作解的有五爻：

蠱九二：得中道也。

離六二：得中道也。

解九二：得中道也。

夬九二：得中道也。

既濟六二：以中道也。

以「中正」或「正中」作解的有九爻：

需九五：以中正也。

訟九五：以中正也。

豫六二：以中正也。

晉六二：以中正也。

姤九五：中正也。

井九五：中正也。

比九五：位正中也。

隨九五：位正中也。

巽九五：位正中也。

以「中心」或「中行」作解的有三爻：

師六五：以中行也。

謙六二：中心得也。

中孚九二：中心願也。

以「中直」作解的有二爻：

同人九五：以中直也。

困九五：以中直也。

一般而言，處於中位的爻都比較吉利，甚至大吉大利。即便遇到凶險，也可以緩解或化解。如豫卦六五爻辭是「貞疾，恆不死」，《小象傳》解釋說：「六五貞疾，乘剛也。恆不死，中未亡也」。「貞疾」是凶辭，而能「恆不死」，是因為該爻居中位的緣故。當然、並不是所有居中位的爻都吉利，但此時《小象傳》都不從中位來說明。

(2)當位說。所謂當位，是指陽爻居陽位，或陰爻居陰位而言，反之，若陽爻居陰位，陰爻居陽位，則為不當位。一般而言，當位則吉，不當位則凶。《小象傳》常常用此來解釋爻辭的吉凶。如其釋賁六四和蹇六四，一云「當位疑也」，一云「當位實也」。有時候也說「位當」或「正位」，如

渙九五：正位也。

臨六四：位當也。

有時說「位正當」，如

履九五：位正當也。

否九五：位正當也。

兌九五：位正當也。

中孚九五，位正當也。

有時候就只說一個「正」字，如

遁九五：以正志也。

臨初九：志行正也。

隨初九：從正吉也。

師上六：以正動也。

屯初九：志行正也。

當然，如果逢當位又居中位的話，則稱「正中」或「中位」等，已見上述。剛剛提到的「位正當」也都是既正又中的例子。

與「當位」相反的是「不當位」，《小象傳》用此例甚多，也稱「位不當」、「不當」、「未當位」、「未得位」或「非其位」，如：

需上六：雖不當位。

師六五：使不當也。

困九四：雖不當位。

解九四：未當位也。

恆九四：久非其位。

旅九四：未得位也。

而履、否、豫、臨、噬嗑、睽、震、兌、中孚、未濟諸卦的六三爻，以及晉、夬、革、豐、小過諸卦的九四爻，另加大壯六五爻，《小象傳》都解之以「位不當也」。明顯可以看出，被冠以「不當位」之類的基本上都是「六三爻」和「九四爻」，這一方面是由於三、四兩爻多凶辭，另一方面，二、五爻居中，大多由中位說予以解釋，而初、上兩爻，又可以由另外的體例予以解釋。

(3)承乘說。承乘說討論的是一卦中相鄰兩爻的關係。陰爻居陽爻之上叫「乘」，反之，陰爻居陽爻之下叫「承」。一般而言，承吉而乘凶。在《小象傳》中，說到「乘剛」的有如下五爻：

屯六二：「六二之難，乘剛也。」

豫六五：「六五貞疾，乘剛也。」

噬嗑六二：「噬膚滅鼻，乘剛也。」

困六三：「困於蒺藜，乘剛也。」

震六二：「震來厲，乘剛也。」

這五陰爻下面的都是陽爻，陽爻稱剛，所以說「乘剛」。可以看出，乘剛者皆凶。此五爻中，有三爻為六二，若依前面提到的中位說和當位說來看，應該屬於正中之列。

但其後所繫爻辭、偏偏又是凶險，這就使得解釋者不得不提出新的體例來加以說明。從這個意義上說，承乘說是為了補充中位說及當位說而提出的。

與乘相反的是承。乘是乘下，講與下爻的關係，承則是承上，講與上爻的關係。如：

蠱初六：干父之蠱，義承孝也。

蠱六五：干父用譽，承以德也。

節六四：安節之亨，承上道也。

這三爻上面都是陽爻，所以用了一個「承」字，與「承」意義相似的還有「順」、「從」等，如：

比六四：以從上也。

復六四：以從道也。

頤六五：順以從上也。

大過初六：柔在下也。

明夷六二：順以則也。

家人六二：順以巽也。

家人六四：順在位也。

鼎初六：以從貴也。

渙初六：初六之吉，順也。

這些爻的上面都是陽爻。另外，還有一些與「承」意義相似的詞，如「乘剛」，見於《小象傳》對睽卦六三爻的解釋，該爻的上面是九四。還有「剛柔接」、「剛柔際」、「剛柔節」等，

蒙九二：剛柔接也。

坎六四：剛柔際也。

解初六：剛柔之際。

鼎上九：剛柔節也。

蒙九二、鼎上九之下分別是初六和六五，坎六四、解初六之上分別是九五和九二。這種情形，爻辭一般都是吉利的。

(4)有與和無與。《彖傳》在解釋卦象時經常提到「應」，意指內外卦對應爻之間的關係。凡對應爻（初與四、二與五、三與上）之間性質相反者，為有應，反之，則為無應。一般而言，有應則吉，無應則凶。有應與無應在《小象傳》中被稱作有與和無與。其稱「有與」者見於：

困九四：雖不當位，有與也。

「有與」是指它和初六有應，所以，雖不當位，爻辭卻較吉利。可見，它也是為了補充以上諸例而提出的。《小象傳》稱「無與」的例子是：

井九二：無與也。

是指該卦九二與九五無應。也「無與」也可說「未有與」，見於對剝六二爻的解釋，該爻與六五爻無應。也稱「敵剛」，見於同人九三，是指九三與上九相敵。

(5)初爻與上爻。《小象傳》對一卦六位的稱呼一般都有規律可循。如二、五爻多稱「中」；已見前述。至於三、四爻，因處上下卦之間，進退無恆，爻辭本身就多用「或」字。依《文言傳》的解釋，「或」是「疑」的意思，所以《小象傳》於三、四爻多稱「疑」，如：

賁六四：當位疑也。

損六三：三則疑也。

升九三：無所疑也。

既濟六四：有所疑也。

有時也稱「反覆」，如其釋乾卦九三云：「反覆道也」。至於其對初爻和上爻的解釋，也著力突出其爻位的特點。如初爻固居一卦的開始，所以常常稱「始」；

坤初六：陰始凝也。

恆初六：始求深也。

又其居一卦最下，故多稱「下」，如：

乾初九：陽在下也。

剝初六：以滅下也。

大過初六：柔在下也。

益初九：下不厚事也。

井初六：井泥不食，下也。

又以其居最下，前途渺茫，所以又稱「窮」：

豫初六：志窮凶也。

大壯初九：其孚窮也。

旅初六：志窮災也。

而上爻因居一卦最上，所以多以「上」稱之：

履上九：元吉在上。

大有上九：大有上吉。

豫上六：冥豫在上。

賁上九：上得志也。

恆上六：振恆在上。

姤上九：上窮吝也。

萃上六：未安上也。

升上六：冥升在上。

井上六：元吉在上。

鼎上九：玉鉉在上。

旅上九：以旅在上。

巽上九：上窮也。

又因其一卦的盡頭，所以稱「亢」、「窮」等：

小過上六：已亢也。

坤上六：其道窮也。

隨上六：上窮也。

無妄上六：窮之災也。

姤上九：上窮吝也。

巽上九：上窮也。

節上六：其道窮也。

(6)內卦與外卦。《小象傳》的作者因為主要以爻位說釋爻辭，所以幾乎不會涉及到內、外卦的卦象。但是，因為卦象太深入人心了，所以有時候不小心也會論到它。譬如其解釋泰卦九三爻辭說：「無往不復，天地際也」。「天地際」是說天地之間，泰卦乾下坤上，乾為天，坤為地。九三爻居下卦最上，臨近上卦，所以稱「天地際也」。這個解釋很顯然與內、外卦卦象有關。又如釋需卦九三爻辭說：「需於泥，災在外也」。

「外」很可能是就外卦而論，需卦外卦為坎、坎於義為險，所以稱「災在外也」。

《小象傳》在解釋爻辭時，常常稱內卦或處內卦之爻為「內」，而稱外卦或處外卦之爻為「外」。如：

比六二：比之自內。

比六四：外比之。

泰初九：志在外也。

臨上六：志在內也。

咸初六：志在外也。

蹇上六：志在內也。

益六二：自外來也。

渙六三：志在外也。

這種內外的稱呼顯然與該爻所處為內卦或外卦有關。

五、《小象傳》的義理

《小象傳》對爻辭的解釋儘管簡略，有時好像只是重複或轉述，但其中仍注入了許多義理性的內容，反映了作者多方面的看法和主張。以下從兩方面做一簡單討論。

(1)盈不可久也。古今學者都注意到，《周易》很多卦的爻辭，自下而上排列非常整齊，反映了一個事物的發展變化過程。典型者如乾卦六爻的爻辭，初九是潛龍勿用，九二是見龍在田，九三是終日乾乾，九四是或躍在淵，九五是飛龍在天，上九是亢龍有悔，從下而上，給我們描繪出了一個龍由潛而現，由躍而飛，最後到亢的畫面。顯然，爻辭這樣安排之中，表現了作者對事物發展變化法則的初步認識，尤其「亢龍有悔」一句，繫於乾卦最上一爻之後，更是畫龍點睛之筆。它暗示著事物發展到極盛之後，就可能隱藏著衰敗的危險。如同泰卦九三爻辭所說：「無平不陂，無往不復，艱貞無咎」。《小象傳》在解釋該爻辭時說：「無往不復，天地際也」。從卦象上來說，「天地際」是指九三處乾坤兩卦相交處。而它的另外一個含義是指變化的臨界點，譬如再往前走，地就變成了天。這一方面肯定了變化，同時也肯定了變化的規則。這個規則就是事物一定會向相反的方向轉化。顯然，《小象傳》對蘊含在爻辭在爻辭中的變化觀是了然於胸的，而且還做了更具普遍性的概括。如其釋乾卦六爻爻辭說：

初九潛龍勿用，陽在下也。

九二見龍在田，德施普也。

九三終日乾乾，反覆道也。

九四或躍在淵，進無咎也。

九五飛龍在天，大人造也。

上九亢龍有悔，盈不可久也。

爻辭中講龍的各種狀態，到《小象傳》中，則被概括為一個人從「下」開始，經過「反覆」、「進」的努力，終於成為「大人」的過程。但如果僅止於此，是談不上有多少哲理的。最重要的是透過對「亢龍有悔」的解釋，提出了「盈不可久也」的命題，從而使之具有了普遍的意義。所謂「盈」，是指盈滿、極端，事物一旦發展到這種狀態，是不能永久保持的，一定會向相反的方面轉化，如「日中則昃，月滿則匡」。

《小象傳》的這個觀念，不限於乾卦，而是體現在其整體的解釋思路中。「盈」的狀態，一般而言對應的是一卦的上爻，我們看《小象傳》對上爻的解釋，多有不能持久意思的話：

坤上六：龍戰於野，其道窮也。

屯上六：泣血漣如，何可長也？

比上六：比之無首，無所終也。

泰上六：城復於隍，其命亂也。

否上九：否終則傾，何可長也？

豫上六：冥豫在上，何可長也？

隨上六：拘繫之，上窮也。

大壯上六：艱則吉，咎不長也。

夬上六：無號之凶，終不可長也。

姤上九：姤其角，上窮吝也。

節上六：苦節貞凶，其道窮也。

中孚上九：翰音登於天，何可長也？

既濟上六：濡其首厲，何可久也？

未濟上九：飲酒濡首，亦不知節也。

不難看出，這裡多次使用「何可長」、「何可久」、「不可長」、「窮」等語，表達「盈不可久」之義。《小象傳》作者顯然把這看作是一個恆常的法則。而若想維持事物長久的話，也不是沒有辦法，這辦法就是「不知節」的反面——「節」。《周易》中有「節」卦，《小象傳》在解釋過程中，發揮其對「節」的看法：

初九不出戶庭，知通塞也。

九二不出門庭凶，失時極也。

六三不節之嗟，又誰咎也。

六四安節之亨，承上道也。

九五甘節之吉，居位中也。

上六苦節貞凶，其道窮也。

可以看出，一方面是不節則咎，苦節貞凶，另一方面是安節之亨，甘節之吉。其意義不言而喻。然而「節」也不能不知變通，要因時而節。否則，不合時之節，也會帶來凶的結果。與此類似的是謙卦，《小象傳》對該卦六爻的解釋是：

初六謙謙君子，卑以自牧也。
六二鳴謙君子，中心得也。
九三勞謙君子，萬民服也。
六四無不利撝謙，不違則也。
六五利用侵伐，征不服也。
上六：鳴謙，志未得也。可用行師，征邑國也。

在《周易》六十四卦中，只有謙卦六爻的爻辭全部吉利，正合乎「滿招損，謙受益」那句話。《小象傳》把謙卦六爻由下而上，看作是君子由修身到平天下的一個過程。無論處在哪一個階段，即便行師征伐，具有謙德都是好的。

(2)中以行正。由對「盈不可久也」的認識，而了解到「節」、「謙」的必要，已見上述。而其最終的歸趨，則是「中以行正」（《小象傳》釋未濟卦九二爻語），或者說行中正（或正中）之道。在儒家著作中，《論語》、《中庸》等都討論過「中」的問題，一般而言，它和過、不及是對立的。就《小象傳》而言，似乎更多是針對「過」（「盈」）而提出「中」的問題。

如上一節提到過的，《小象傳》十分重視中位的概念，並以居中為行事吉利的依據。在一個六畫卦中，中位即二、五爻之位，這很容易確定。但是，如果我們把「中」看作一種具有普遍意義的德行，那它將如何確定呢？

很遺憾，在《小象傳》中，並不能找到一個直接的答案。但是，結合其他文獻，我們可以了解儒家是把「禮」作為「中」的依據，合乎禮者即是中，反之即是不中。雖然我們在《小象傳》中也找不到一個「禮」字，但這不意味著它不重視禮。事實上，依照儒家的理解，禮的實質乃是「別異」，具體地說，即是由一些名份來確定社會中君臣、父子、夫婦等的位置。而這方面內容，《小象傳》在很多地方都涉及到，並且是它很強調的東西。譬如其對恆卦六五爻辭「恆其德，貞，婦人吉，夫子凶」的解釋：

> 婦人貞吉，從一而終也。夫子制義，從婦凶也。

這是借爻辭討論夫婦關係，對婦人的要求是「從一而終」，即一生只順從、服侍一個男人（夫）、便會吉利。而夫子行事，則應因時而宜，若像婦人一樣，會有凶的結果。顯然，對於「夫」、「婦」而言，其各自之「中」是不同的。婦之「中」是「從一」、而夫之「中」是「制義（宜）」。另外，家人卦也討論到夫婦及家庭的問題，《小象傳》的解釋是：

> 初九：閑有家，志未變也。
>
> 六二：六二之吉，順以巽也。
>
> 九三：家人嗃嗃，未失也；婦子嘻嘻，失家節也。

六四：富家大吉，順在位也。
九五：王假有家，交相愛也。
上九：威如之吉，反身之謂也。

該卦由二陰爻（六二、六四）和四陽爻構成，《小象傳》對二陰爻的解釋，都突出了一個「順」字。它是把陰爻看作「婦人」的，陰爻又居陰位（六二、六四），所以是順，而順的結果便是吉和大吉。而對陽爻的解釋，則突出了其主動控制的一面，因為它是把陽爻視為夫子的。初九的「閑有家」，以「志未復」作解，是要君子時刻提防家的問題，於此可見作者對齊家的重視。九三的解釋突出了「家節」，節的實質其實就是禮。如果失了家禮，婦子嘻嘻，會有災禍，反之則吉。這裡含蘊的意思是君子應以禮正家。

在《小象傳》的解釋中，父子關係也曾涉及到，見於蠱卦。其云：

干父之蠱，意承考也。
干母之蠱，得中道也。
干父之蠱，終無咎也。
裕父之蠱，往來得也。
於父用譽，承以德也。
不事已侯，志可則也。

雖然沒有出現「子」字，但「子」無疑是六爻的主體。《小象傳》的解釋中，兩次提到「承」字，這應該是它很強調一個觀念。承與順意義略同，所以有時「順承」連稱。子之承父，猶婦之從夫，這好像是《小象傳》要表達的意思。

如果要說《小象傳》中最重視哪一種社會關係，那顯然非君臣關係莫屬。本來在《周易》經文中，就常常提到天子與諸侯或君臣之事，而在從初到上的六爻中，因五、上兩爻位居最上，所以與君的關係最密切。尤其是五爻，既居上，又處中，在《彖傳》中被稱為「天位」（需卦）、「帝位」（履卦）和「尊位」（大有卦），相對而言，則下卦之位就是臣位、卑位了。《小象傳》在解釋時，很多時候採取的就是這種方法，如小過卦六二和六五爻辭分別是：

> 六二：過其祖遇其妣，不及其君遇其臣，無咎。
>
> 六五：密雲不雨，自我西郊，公弋取彼在穴。

《小象傳》的解釋是：

> 六二：不及其君，臣不可過也。
>
> 六五：密雲不雨，已上也。

解釋的意義顯然比爻辭本身深刻的多。「不及其君，臣不可過也」是說先要經過臣，才能及於君。這突出了君臣之間上下尊卑的秩序，同時也有以六二為臣位之意。至於六五，已到上卦之中，爻辭中有「公」字，所以說「已上也」。這裡君臣的界限是異常清楚的。又如渙卦，《小象傳》解釋初六，六三和九五爻辭說：

初六：初六之吉，順也。

六三：渙其躬，志在外也。

九五：王居無咎，正位也。

該卦九五爻提到了「王」，因此，其餘諸爻多以臣的角度來解釋。如初六之所以吉利，是因為「順」的緣故，而六三的「志在外」，外即指處外卦之九五而言，就是與九五之王一心。總之，臣子應當以順為主。這對後來《文言傳》集中發揮臣道順的觀念應有一定的影響。

【註　釋】

❶ 高亨《周易大傳今注》，齊魯書社，一九七九年，第六－七頁。

❷ 李鼎祚《周易集解》引。見李道平《周易集解纂疏》，中華書局。一九九八年，第一百九十四頁。

❸ 李鏡池《周易探源》，中華書局，一九七八年，第二百三十二頁。

❹ 劉操南《周易大像例說》，《光明日報》一九六二年十月十九日。

❺ 高亨《周易古經今注》，中華書局，一九八四年，第二十四頁。

❻ 李鏡池《周易探源》，中華書局，一九七八年，第二百九十一頁。

第四章 《繫辭傳》

與《彖傳》和《象傳》逐卦逐句解釋經文不同，《繫辭傳》屬於通論性質的作品。它集中地討論了《周易》一書的性質內容和作用等等，因而享有《易大傳》之名。《易大傳》的稱呼最早見於《史記》。在《太史公自序》中，司馬遷轉述其父司馬談關於諸子的看法時，引用《易大傳》的話：「天下同歸而殊途，一致而百慮」。這句話就見於現在的《繫辭傳》。

「大傳」是古人解經的一種體裁，是指通論經典大義的作品。譬如《尚書大傳》是通論《尚書》大義的，《禮記》中有一篇叫《喪服大傳》，是通論《喪服篇》大義的。而《繫辭傳》則是通論《周易》大義的。由於並不嚴格受經文的限制，大傳的體裁可以給作者更大的自由來融入自已的見解。

所以，《繫辭傳》儘管在形式上沒有《彖傳》、《象傳》那樣整齊，但從內容的系統性和深刻性上看，在《易傳》各篇中卻是首屈一指的。大抵《易傳》中關於易道的闡述，主要見於該篇。因而在《易傳》各篇之中，它也備受關注。

一、關於《繫辭傳》的年代和作者

依照傳統的說法，《繫辭傳》和《易傳》其他篇一樣，當然是孔子的作品。但從歷史上看，在《易傳》之中，《繫辭傳》是比較早就受到懷疑的。北宋歐陽修著《易童子問》認為《繫辭傳》多「繁衍叢脞之言，與夫自相乖戾之說」，因此非聖人所為。此後，相信《繫辭傳》非孔子作的人漸漸多了起來。但《繫辭傳》到底作於何時，學者說法不一。就目前的情形看，除了還有一些學者相信它是孔子作的舊說之外，還有作於戰國早期，戰國後期和漢代初年等不同的主張。

從思想概念的方面來考慮，《繫辭》在很多方面都受到了《老子》、《黃帝四經》、以及包括外雜篇在內的《莊子》的影響，陳鼓應先生對此多有討論❶。另外，像「精氣為物」中「精氣」的概念來於《管子・內業》，包犧、神農、黃帝堯舜的次序來於《商君書・更法》等，朱伯崑先生亦曾指出❷。上述文獻中，《莊子》外雜篇及《管子・內業》都是戰國後期的文獻，《繫辭》當更在其後。又《繫辭》中有云：

> 乾以易知，坤以簡能。易則易知，簡則易從，易知則有親，易從則有功，有親則可久，有功則可大也。

此似受《荀子》語啟發❸，《正論》云：

上宣明則下治辨矣，上端誠則下願懿矣，上公正則下易直矣。治辨則易一，願懿則易使，易直則易知。易一則強，易使則功，易知則明……故上易知則下親上矣。

目前所見文獻中最早引用《繫辭》文字的是陸賈《新語》。此書見載於《漢書・藝文志》，司馬遷《史記》以為著於高祖初定天下之時。此書《明戒》篇引「易曰：天垂象，見吉凶，聖人則之」，文字見於《繫辭》。很多學者引此為《繫辭》出於漢以前之證❹。但其引「易曰」文字，雖見於《繫辭》，卻未必出於《繫辭》。之所以如此說，是因為《新語》中另有與《繫辭》文字相同或相似者，並未寫明是引「易」，屬於此種情形的至少有如下幾處：

(1)《新語・道基》云：「陽生雷電，陰生雪霜。養育群生，一茂一亡，潤之以風雨，曝之以日光。」《繫辭》有「鼓之以雷霆，潤之以風雨」句，與之類似。

(2)《新語・道基》云：「於是先聖乃仰觀天文，俯察地理。圖書乾坤，以定人道：……至於神農……乃求可食之物……教民食五穀。天下人民野居穴處，未有室屋，則與禽獸同域，於是黃帝乃伐木構材，築作宮室，上棟下宇，以避風雨。」後面又敘後稷、禹、奚仲、皋陶、中聖、後聖等。頗有次序，且自成系統。《繫辭》論聖人觀象製器，有部分文字與此相似，其云：

古者包犧氏之王天下也，仰則觀象於天，俯則觀法於地，觀鳥獸之文與地之宜，近取諸身，遠取諸物，於是始作八卦……包犧氏沒，神農氏作，斫木為耜，揉木為耒，耒耨之利以教天下，蓋取諸益……上古穴居而野處，後世聖人易之以宮室，上棟下宇，以待風雨，蓋取諸大壯。

兩相比較，《新語》與《繫辭》大同小異，若《新語》見《繫辭》，應引「易曰」。又《新語》論及諸多古帝王、聖人，自成系統，與《繫辭》亦不同。《新語》此部分文字當不出於《繫辭》。

(3)《新語·慎微》言「河出圖，洛出書」，亦見於《繫辭》。然《新語》亦不稱「易曰」。

凡此可知《新語》所引：「易曰：天垂象，見吉凶，聖人則之」句未必出於《繫辭》，或許來自於他種解易文獻。漢初之時，解易作品甚多，相當一部分都未能流傳下來。譬如曾被賈誼《新書》、《大戴禮記》、《禮記》、《史記》及《漢書》廣泛稱引的「易曰：正其本而萬物理。失之毫厘，差以千里」，即不見於今存任何易學著作。《新語》所引也許出於已經失傳的材料中，亦未可知。

其實，從如上《新語》與《繫辭》的比較中，我們或許可以得出相反的結論。《繫辭》的撰寫或許受到了《新語》的影響。

考慮《繫辭》以及其他古籍的年代，除了文字、思想外，還可注意其關心的主題為何。戰國與漢初，時異則事異，事異則文異。戰國之時，群雄並立，富國強兵，統一天下乃人主所急。諸子立言皆以此為宗，獻平定統一天下之方。及至漢初，天下方定，海內一統，鞏固統治為時代課題。故時人多反思秦亡教訓，以獻治安策為主。戰國與漢初之異，即賈誼所謂攻守之勢的不同。從這個角度來看，帛書《繫辭》反映的乃是守勢而非攻勢，我們且看如下這段文字：

> 天地之大德曰生，聖人之大寶曰位。何以守位曰人，何以聚人曰財。理財正辭，愛民安行曰義。

讀罷會使人想起高祖劉邦的《大風歌》：「大風起兮雲飛揚，威加海內兮歸故鄉，安得猛士兮守四方。」特別是其中的「守」字，更惹人注目。《繫辭》之文顯然是針對已取得統治地位的君主講的，而且，此君主非戰國時之諸侯王，而是富有天下的「天子」。《繫辭》一篇中，「天下」一詞竟出現三十八次，而代表諸侯的「國」的概念一次也沒有出現。如果將此與戰國時期的著作比較，更可看出其不同所在。

我們且舉作於戰國中期的《孟子》與作於戰國後期的《荀子》為例，來看一下其中「國」一詞出現的數字。約略的統計結果是，《孟子》中「國」字有一百多次，而《荀子》中更有四百多次。這與《繫辭》的情形顯然是不同的。

因此，《繫辭》其實是以解易的形式向當時天子提供的統治方略。作者贊美《周易》，以之為極深研幾，崇德廣業之書，並極力論說乾坤之易簡。都是為了讓天子接受其說，採納為統治方術。其追溯古帝王，並不關心他們如何取天下，而是重視其治理天下的方法及貢獻，如包犧作結繩而為罟，以佃以漁，神農耨耒之利以教天下、日中為市等。而最具比較價值的是黃帝。《繫辭》對黃帝的描述是：

> 黃帝堯舜垂衣裳而天下治……刳木為舟，剡木為楫，舟楫之利，以濟不通，致遠以利天下……服牛乘馬，引重致遠以利天下……

這完全是一個愛民如子的天子，與戰國時期主要以戰神的面貌出現的黃帝截然不同。如銀雀山竹簡《孫子》中有「黃帝伐赤帝」章，馬王堆帛書《黃帝四經》中描述黃帝勝蚩尤之故事等，皆以黃帝為以武力統一天下者。此與戰國形勢正合，也能投人主之所好。而《繫辭》中之黃帝也正合漢初之情形。

漢代初年，因情勢所迫，分封了許多諸侯王。使得權力相對分散，不利於天子統治。加之諸侯多有叛者，使得處理好與諸侯國之關係，成為天子鞏固統治的重要方面。《繫辭》於此亦有反映，其文曰：

> 夫乾，天下之至健也，德行恆易以知險，夫坤，天下之至順也，德行恆簡以知阻。能說之心，能研諸侯之慮，定天下之吉凶，成天下之亹亹者，是故變化雲為，吉事有祥，象事知器，占事知來……凡易之情，近而不相得則凶，或害之，悔且吝，將叛者其辭慚……失其守者其辭屈。

這是《繫辭》的最後一段，其中心即是討論天子與諸侯之關係。於天子而言，險、阻主要來於諸侯。而運用周易乾坤之理便可測度出諸侯之心思（「能研諸侯之慮」），從而定天下之吉凶，得到吉利的結果。「能研諸侯之慮」，張載、朱熹等都以「侯之」兩個字為衍文，而將此句改為「能研諸慮」，今人多從之。這個改動實際上是錯誤的，使該段主旨晦暗不明。實際上，《繫辭傳》後面還談到「研諸侯之慮」的方法，即「將叛者其辭慚……失其守者其辭屈」。清代學者李道平《周易集解纂疏》說：

> 將叛者其辭慚也，非諸侯而何叛也……失其守者其辭屈也，非諸侯而何失守也？

結合前文，以「叛」、「失守」指諸侯，應該是正確的。

以上所說，表明《繫辭傳》的出現可能要晚到漢代初年。這種看法，如果結合湖南長沙馬王堆漢墓帛書中發現的一些解易文獻來看，就顯得更有道理。這些解易文獻包括《二三子問》、《繫辭》、《易之義》、《要》等。其中今本《繫辭傳》與這些文獻的關係非常引人注目。

與今本《繫辭》相比，所謂帛書《繫辭》缺少了一些章節，主要有：

(1)今本《繫辭上》第九章「大衍之數五十」至「可與祐神矣」，共一百八十九字；

(2)《繫辭上》第九章首句「子曰知變化之道者，其知神之所為乎」，共十五字；

(3)《繫辭下》第四章「子曰危者安其位者也」至「幾者動之微，吉凶之先見者也」，共一百三十三字；

(4)《繫辭下》第四章「子曰顏氏之子其殆庶幾乎」至「立心勿恆凶」，共一百四十九字；

(5)《繫辭下》第五章「子曰乾坤其易之門邪」至「以明失得之報」，共一百一十九字；

(6)《繫辭下》第六章「易之興也其於中古乎」至「巽以行權」，共一百四十五字；

(7)《繫辭下》第七章「易之為書也不可遠」至「則思過半矣」，共一百六十三字；

(8)《繫辭下》第八章「二與四同功而異位」至「此之謂易之道也」，共一百八十八字。

缺少的這些章節中，除一、二條所列外，其餘部分都見帛書另外幾篇《易傳》中。其中三、四條見於《要》，五、六、七、八條見於《易之義》。

儘管缺少了以上這些章節，但所謂帛書《繫辭》畢竟包括了今本《繫辭》的大部分內容，特別是從形式上考慮，二者都始於「天尊地卑，乾坤定矣」，而終於「失其守者其辭屈」。因此，它們之間的聯繫是顯而易見的。我們並不能因為帛書《易傳》原是南方傳本而否認其與今本《繫辭》的關係。

問題是在有密切聯繫的帛書《繫辭》和今本《繫辭》之間，哪一個要更早一些呢？看來，帛書《繫辭》形成的年代要早。今本《繫辭》除包括所謂帛書《繫辭》外，還包括《易之義》及《要》兩篇中的部分內容。今本《繫辭》當是以帛書《繫辭》為主，同時又採納了《易之義》及《要》中的部分內容。而其中「大衍之數」章等可能還有另外的來源。

帛書《繫辭》的寫作年代，應該不會太早。同時出土的《易之義》、《要》等一般認為是漢初所作❺。帛書《繫辭》也大體與之同時。這樣，今本《繫辭傳》的編輯應在漢初，其下限是武帝時，因為此時司馬談已經稱引《易大傳》的話（《史記太史公自序》），之後司馬遷也提到孔子序《繫》了。（《史記・孔子世家》）

二、對《周易》一書的理解

(一)、《周易》的形成

從《繫辭傳》的有關論述來看，《周易》的形成應有一個較長的過程，至少可以分成八卦的出現和重卦和卦爻辭的完成這兩個階段。其論八卦的出現說：

> 古者包犧氏之王天下也，仰則觀象於天，俯則觀法於地，觀鳥獸之文與地之宜，近取諸身，遠取諸物，於是始作八卦。以通神明之德，以類萬物之情。

這是以八卦為伏羲氏所作，其創作的依據，則是對天地萬物包括人自身的觀察和效法。伏羲氏的年代雖然不得而知，但從《繫辭傳》另外地方的表述看，他早於神農氏，也早於黃帝和堯舜，可能是作者心目中最古的帝王。因此，他的依托伏羲氏，無非是以八卦起源於遠古聖王之意。而伏羲氏作八卦的目的，這裡交代的很清楚，就是「定吉凶」。因此，照《繫辭傳》的理解，八卦從一開始就屬於占筮的範疇。

當然，僅僅八卦是不能被稱作《周易》的。《周易》的構成包括六十四卦，在《繫辭傳》看來，六十四卦是八卦兩兩相重的結果。其云：

八卦成列，象在其中矣。因而重之，爻在其中矣。

雖然《彖傳》和《象傳》以至於春秋時期的易說都有內外卦的觀念，但明確指出六十四卦由八卦兩兩相重而成，最早的還是《繫辭傳》。這與《周禮》中經卦和別卦的說法是一致的。（《周禮・春官・大卜》）至於重卦發生於何時，文中並沒有明確的交代。曾有學者根據「觀象製器」的說法，認為重卦在伏羲時已經發生，因為其中講伏羲神農黃帝堯舜等製作器物，有取於離益乾坤等卦，這些已經是重卦。但這裡並非嚴格地討論重卦的問題，所以其說法的可靠性值得懷疑。比較合理的說法似乎是殷周之際。《繫辭傳》中有如下的說法：

易之興也，其於中古乎？作易者，其有憂患乎？

易之興也，其當殷之末世，周之盛德邪？當文王與紂之事邪？是故其辭危，危者使平，易者使傾。

將兩處文字合在一起看，所謂中古就是指殷周之際，文王與紂之時。易之興與重卦是什麼關係，雖然沒有明言，卻是可推知的。如前所述，易的構成需是六十四卦，所以易之興就可以理解為六十四卦即重卦的開始。也就是說，在《繫辭傳》看來，重卦也許發生在殷周之際。從「其有憂患乎」這句話看，似有暗示文王重卦之意。所以，後世學者多以重卦為文王之事。這樣說的依據何在，我們不得而知。《彖傳》中曾提到文王和箕子，其云：

> 明入地中，明夷。內文明而外柔順，以蒙大難，文王以之。利艱貞，晦其明也。內難而能正其志，箕子以之。

但這裡絲毫沒有說文王作易之意。另外，《說卦傳》曾有「昔者聖人之作易也」的話，只是籠統提到聖人，也沒有指明哪一人。到了司馬遷作《史記》，在《周本紀》中才說：

> 西伯蓋即位五十年，其囚羑里，蓋益易之八卦為六十四卦。

西伯就是文王，這是第一次明確說文王重卦，但還是加了一個「蓋」字，表明司馬遷並不能確定此事。至於卦爻辭，照《繫辭傳》的意見，應該與重卦同時，這可以從「其辭危」的說法中看出。

立足於今日的研究，我們已知卦爻辭中含有文王以後的史實，所以不可能是文王所作。《繫辭傳》將易與文王聯繫起來，仍然是借重於古代聖人之意，而且具有明顯的儒家特點。《中庸》說仲尼「祖述堯舜，憲章文武」，其實是儒家的共同點。將《周易》與文王聯繫起來，至少可以有提高其地位，擴大影響的作用。也許這正是《繫辭傳》作者的主要意圖。

㈡、《周易》的性質

這部被視為文王所作的《周易》究竟是一部什麼樣的書呢？首先，這是一部聖人總結天下萬物的形態，及其運動變化的規律，而作成的書。《繫辭傳》說：

聖人有以見天下之賾，而擬諸其形容，象其物宜，是故謂之象。聖人有以見天下之動，而觀其會通，以行其典禮，繫辭焉以斷其吉凶，是故謂之爻。言天下之至賾而不可惡也，言天下之至動而不可亂也。擬之而後言，議之而後動，擬議以成其變化。

對於《周易》這部書來說，它主要有兩部分內容，即象和辭。這一段話說的就是象和辭的來源。賾是複雜的意思，擬和象都是摹擬之意，這是說卦象來源於對萬物形象的摹仿，卦爻辭和爻象是表現萬物的運動和吉凶情況的。天下的事物雖然很多很雜，但並非無章可循；萬物的運動變化雖然形態萬千，但也不是混亂無序。

《周易》就是表現「章」和「序」的。表現「章」和「序」的，首先是卦爻畫，其次是卦爻後面的道理。這裡使用了「擬議」一詞，很形象地表現了聖人從複雜具體的事物和現象中，得出較具概括性的東西的過程。換言之，《周易》對天下萬物並不限於簡單的摹仿，還有概括和抽象。這概括和抽象出的，就是道。所以《周易》是一部講道的書。《繫辭傳》說：

> 《易》之為書也，廣大悉備，有天道焉，有人道焉，有地道焉。兼三才而兩之，故六。六者非它也，三才之道也。

這是以《周易》為講道之書，且其道無所不包。具體說，其中有天道，有地道，也有人道。我們知道，《周易》六十四卦，每一卦都由六爻組成。《繫辭傳》認為，這並不是隨意的，而是與三才之道有關。每一才由兩爻來表示，所以共有六爻。關於此點的詳細討論可以見《說卦傳》的相關內容。至於《周易》為何能包含有如此豐富的內容，則與其來源有關。《繫辭傳》說：

> 是故法象莫大乎天地，變通莫大乎四時，懸象著明莫大乎日月，崇高莫大乎富貴，備物致用，立成器以為天下利，莫大乎聖人，探賾索隱，鉤深致遠，以定下之吉凶，成天下之者，莫大乎蓍龜。是故天生神物，聖人則之。天地變化，聖人效之。天垂象，見吉凶，聖人象之。河出圖，洛出書，聖人則之。

這是說天地，四時，日月，都是聖人作易時取法的東西。立成器，指的應該是作卦而言。蓍龜指蓍草和卜龜，蓍草是占筮用的材料，用它可以預測未來，判斷吉凶。後面說的神物，應該就指它們而言。天垂象，這個象指日月星辰之象，古人常常根據天象來推斷吉凶，所以說「見吉凶」，見就是現，是表現的意思。聖人效法它，於是設立卦象，表現吉凶。河出圖，洛出書，也許本無具體的意義，只是說明聖人效法自然界的種種情形。後人據此附會出河圖洛書，則是畫蛇添足了。

上面這段話的核心是說聖人取法天地萬物而設卦作易。《繫辭傳》中另外一段話把這層意思講的更明顯。它說：

> 易與天地準，故能彌綸天地之道。仰以觀於天文，俯以察於地理，是故知幽明之故。原始反終，故知死生之說。精氣為物，游魂為變，是故知鬼神之情狀。與天地相似，故不違。知周乎萬物而道濟天下，故不過。旁行而不流，樂天知命，故不憂。安土敦乎仁，故能愛。範圍天地之化而不過，曲成萬物而不遺，通乎晝夜之道而知，故神無方而易無體。

這段話中，第一句話是總說，後面則是分論。準是順和符合的意思。這是說聖人效法天地而作易，所以易中才包含天地人之道。幽明就是後面講的晝夜，透由觀察日月星辰，山河大地，就可以知道晝夜的本質。原和反都是推原，究極之意，這是說弄清楚了始和終，也就知道了死和生。實質上是把死生和終始看做類似的東西。這種生死觀與莊子的說法有類似之處。精氣是稷下道家喜歡使用的概念，為是成的意思，游魂與精氣是同義詞。這句話是說鬼神的實質就是精氣的變化，與《管子・內業篇》所說精氣「流於天地之間謂之鬼神」相同。不違，不過，都是不違背之意，因為《周易》與天地相似，遍及萬物，又有助於天下，所以和它們都不違背。旁行是周行之意，不流的流字，應該是「留」，留是遺留。旁行而不流，即周行而無所遺留。天和命是人力不可改易的，了解這一點，就不會憂愁。地厚載物，兼愛無私，效法大地，就可以愛人。這以後的文字是總結，再一次強調《周易》中包含了天地萬物所有的變化和道理，所以它像神一樣，並無固定的樣子。

《繫辭傳》進一步說：

> 夫易廣矣大矣，以言乎遠而不御，以言乎邇則靜而正，以言乎天地之間則備矣。夫乾，其靜也專，其動也直，是以大生焉；夫坤，其靜也翕，其動也辟，是以廣生焉。廣大配天地，變通配四時，陰陽之義配日月，易簡之善配至德。

這仍然是稱贊《周易》的廣大無邊，包括了天地之間所有的東西。「不御」在馬王堆帛書中作「不過」，是沒有過失的意思。用《周易》來了解久遠的事情，肯定不會有差失。了解當今的事情，則精當正確。易之中有乾，它可以大生；易之中有坤，它可以廣生。而這廣大有似天地的性質，變通有似四時的交替，陰陽的道理有似日月代明，易簡的功用有似最好的德性。

總之，《周易》是把天地、日月、四時、至德等都包括了。

㈢、《周易》的作用

《周易》的作用最初主要是占筮性的。即便到了春秋時期，從《左傳》和《國語》所記載的情形來看，《周易》的應用也主要與占筮有關。間或也有人直接引用卦爻辭或卦象來說明吉凶和闡明道理的，如《左傳・宣公十二年》知莊子引用師卦初九爻辭「師出以律，否臧凶」，《左傳・襄公二十八年》子大叔引復卦上九爻辭「迷復凶」，以及《左傳・昭公三十二年》史墨引大壯卦卦象等，但並不普遍。但由於《繫辭傳》對《周易》的性質有了與以往完全不同的理解，因此，關於《周易》的作用，也有新的說法。

從一般的方面說，《繫辭傳》因為以《周易》為講道之書，而「道也者，不可須臾離也，可離非道也」（《中庸》語），所以，該書也是人生不能缺少的著作，它說「《易》之為書也不可遠」，就是人不可遠離《周易》的意思，它可以給人生提供指導和幫助，就像是師和保一樣。所謂「因貳以濟民行，以明失得之報」，「又明於憂患之故，無有師保，如臨父母」，「明於天之道，而察於民之故，是興神物，以前民用」，講的都是這個意思。以下，就從幾個方面具體說明《繫辭傳》對《周易》作用的看法。

1. 崇德廣業

《繫辭傳》以《周易》為可以崇德廣業之書，它說：

> 易其至矣乎！夫易，聖人之所以崇德而廣業也。知崇禮卑，崇效天，卑法地，天地設位而易行乎其中矣。成性存存，道義之門。

崇德和廣業是兩個既有聯繫又有區別的部分。前者指德性的培養，後者指事業的完成。前者是內聖的方面，後者是外王的方面。崇是天的特點，廣是地的特點。所以，要崇德，就要效法天。要廣業，就要效法地。效法天，是要高尚其德；效法地，是要卑賤其事。所謂「知崇禮卑」是也。天地這樣確定位置，《易》的道理也就具備其中了。這是認為，《周易》中包含有德和業兩個方面，而且分別表現在天地和乾坤中。

《繫辭傳》還有一段說：

> 乾知大始，坤作成物。乾以易知，坤以簡能。易則易知，簡則易從。易知則有親，易從則有功。有親則可久，有功則可大。可久則賢人之德，可大則賢人之業。

「乾知大始，坤作成物」的話，應該是從《彖傳》「大哉乾元，萬物資始」和「至哉坤元，萬物資生」中滋生出來的。接下來講乾易坤簡，則是《繫辭傳》的發明。易簡當然是說它的簡便易從，所以實踐起來非常方便，容易取得好的效果。於是就引出了「賢人之德」和「賢人之業」。具體到什麼是德，什麼是業，《繫辭傳》裡也有交代，其云：

> 顯諸仁，藏諸用。鼓萬物而不與聖人同憂。盛德大業至矣哉！富有之謂大業，日新之謂盛德，生生之謂易。

仁就是德，它又被稱為日新，日新是說歷久而彌新。用就是業，它又被稱為富有，富有是說無物而不容。這兩方面合在一起，就是生生不息之易。如果就德和業二者的關係來說，德是業的前提，一定是先崇德，而後才能廣業。《繫辭傳》說：

> 夫乾，天下之至健也，德行恆易以知險；夫坤，天下之至順也，德行恆簡以知阻。能說諸心，能研諸侯之慮，定天下之吉凶，成天下之亹亹者。是故變化云為，

吉事有祥。象事知器，占事知來，天地設位，聖人成能。人謀鬼謀，百姓與能。

易簡是德行，險阻則是事業。有此德方能有此業。業之大者，是確定天下的吉凶，成就天下的萬物。《繫辭傳》還說：

天地之大德曰生，聖人之大寶曰位，何以守位曰仁，何以聚人曰財，理財正辭，禁民為非曰義。

這也是前面講德，後論業。天地的大德是生，所謂大生，廣生是也。生，就是「日新」，表現在人道上面，也就是仁和義。仁義之德是聖人持守其位置維持其秩序的根本。從這個意義上講，崇德也是廣業的根本。這個思想應該是《易傳》作者的一個重要創造，是比《周易》僅以吉凶來定大業深刻得多的哲理。《繫辭傳》也談吉凶，不過這個吉凶是由德來決定的。另外，它講的業主要是指聖人之業，這從其所說「舉而錯諸天下之民謂之事業」中即可看出。

2. 極深研幾

《繫辭傳》又以《周易》為「極深而研幾」之書。它說：

夫易，聖人之所以極深而研幾也。惟深也，故能通天下之志；惟幾也，故能成天下之務；惟神也，故不疾而速，不行而至。

深，是就其能了解天下萬民的心思而說的；幾，是就其能判斷萬物發展變化的苗頭而說的。能判斷萬物變化發展的苗頭，就可以成就天下的事業；能了解天下萬民的心思，就可以吉凶與民同患。

《繫辭傳》對知幾非常重視：

子曰：知幾其神乎，君子上交不諂，下交不瀆，其知幾乎。幾者動之微，吉之先見者也。君子見幾而作，不俟終日。《易》曰：介於石，不終日，貞吉。介如石焉，寧用終日，斷可識矣。君子知微知彰，知柔知剛，萬夫之望。

這裡對什麼是幾有一個解釋。所謂微是指開始、苗頭而言。先見的見，還是現的意思。這是說，幾就是變化的苗頭，吉凶的徵兆。所以人若知道幾的話，就像神一樣，可以預知未來。君子了解到吉凶的徵兆，就馬上行動，一日也不耽擱。後面引用豫卦六二爻辭進一步說明。知微，知柔都是知幾之意。

3. 窮神知化

《周易》是一部講變化之道的書，所以學習《周易》可以讓人們了解運動變化的法則，以作為行事的依據。這個就是所謂「窮神知化」，《繫辭傳》說：

日往則月來，月往則日來，日月相推而明生焉。寒往則暑來，暑往則寒來，寒暑相推而歲成焉。往者屈也，來者信也，屈信相感而利生焉。尺蠖之屈，以求信也。龍蛇之蟄，以存身也。精義入神，以致用也。利用安身，以崇德也。過此以往，未之或知也。窮神知化，德之盛也。

日月的往來形成了晝夜，寒暑的往來構成了一歲。事物都是由變化成就的。對立事物的往來是變化的形式，其背後的東西是它們的相推。往好比是屈，來好比是伸（信即伸），屈伸的推移中，就有利和不利。這是由自然界轉向了人事，人只有掌握了屈伸的道理，才可以趨利避害。尺蠖（一種蟲子）的屈體，是為了伸，先屈而後才能伸。龍蛇的蟄伏，是為了存，不蟄則不能存。君子應該從中領悟變化的精髓，以應用於人事，以在變動不居的世界上安頓自己的生命，以提升自己的德性。這就叫窮神知化，達到了這一點，就是最高的德性。

可以看出，這裡所謂「神」，並沒有任何人格神的色彩，它與化實際上是同義詞，都指變化的原因，神妙莫測的道理。在《繫辭傳》中，這種用法並不少見。譬如「陰陽不測之謂神」，就是以陰陽的變化莫測來解釋神。又如它說：「子曰：知變化之道者，其知神之所為乎！」更明顯地把神看做是變化的原因。所以窮神知化，就是了解事物變化原因和道理的意思。

4.彰往察來

作為占筮典籍的《周易》的一個主要作用，就是告訴人們來事的吉凶。所謂「無有遠近幽深，遂知來物」。在較早的人看來，《周易》之所以具有如此的功能，是因為通過它可以探測到神明的意旨。但《繫辭傳》則把這視為「彰往察來」的過程，從而將《周易》的占筮行為做了理性化的理解。它說：

是故蓍之德圓而神，卦之德方以知，六爻之義易以貢。聖人以此洗心，退藏於

> 密，吉凶與民同患。神以知來，智以藏往，其孰能與於此哉！古之聰明睿智神武而不殺者夫！是以明於天之道，而察於民之故，是興神物，以前民用，聖人以此齋戒，以神明其德夫！

蓍指蓍草，它是圓的，它的分合可以產生不同的結果，所以說「圓而神」；卦指卦象，它是方的，是相對固定的，根據它可以了解吉凶，所以叫「方以知」。每卦的六爻則是依據不同的情形來告人以吉凶。貢是告訴的意思。洗心，與後面的齋戒聯繫起來看，是要求排除心中的雜念，從而培養自己的德行，了解《周易》中的道理。至於為什麼根據卦爻象可以了解吉凶，後面有個說明。「神以知來，卦以藏往」。神是指蓍草而言，用蓍草可以知道未來，蓍草又必須通過卦象，而卦象是包藏著過去的。這等於是說，憑借過去而知曉未來。後面說「明於天之道，而察於民之故，是興神物以前民用」，神物指蓍草卦象而言，這還是說其中有天道人事的知識，所以可以為民所用，幫助他們確定吉凶。

這層意思，被《繫辭傳》概括為「彰往察來」，它說：

> 夫易，彰往而察來，而微顯闡幽。開而當名辨物，正言斷辭，則備矣。其稱名也小，其取類也大。其旨遠，其辭文，其言曲而中，其事肆而隱，因貳以濟民行，以明失得之報。

彰是彰明，察是推察，彰往察來就是透過彰明往事來推察來事。微顯，是讓隱微的東西變得明顯。闡幽，是讓幽暗的東西變得明白。它們都是就推察來事而言。未來的事情是隱微幽暗的，但《周易》有辦法讓它們變得明白起來。開，是指占筮，當名辨物指根據卦爻象辨別吉凶，正言斷辭指根據卦爻辭了解其意義，這是說卦爻象和卦爻辭中包含了所有彰往察來的信息和依據。六十四卦雖然有限，只涉及到具體的事情，但每一卦實際上代表了一大類，從而包含了無限的可能。其旨遠是說每一卦的意旨都很深遠。其辭文是說卦爻辭讓人回味不盡。其言曲而中，曲是曲折，中是中理，惟其曲折，才讓人回味無窮，並切中事理。其事肆而隱，肆是直白，隱是隱藏，惟其直白，才促人反思不已，探得深意。聖人據此指導百姓的行為，闡明得失的道理。

彰往而察來，實際上是把過去和未來聯繫為一個整體，認為它們都遵循同一個道理。正是這個道理，把往和來貫通起來。《繫辭傳》有句話，是「極數知來之謂占」。這句話有兩層含義：一層是就占筮說的，數指蓍草數目的變化，由此確定卦畫，預知未來。一層是講一般的道理，數就指數理、規律，你了解了數理，了解了規律，就可以預測未來。這後一層意思，正是彰往察來的本質。

5. 觀象製器

《繫辭傳》中有一段很有名的話論述《周易》的作用，它說：

> 易有聖人之道四焉，以言者尚其辭，以動者尚其變，以製器者尚其象，以卜筮者尚其占。

這是結合《周易》的內容，論述它的作用。辭指卦爻辭，可以作為言論的依據，從中引申出一般性的道理。變指卦爻的變化，從中可以總結出行事的法則。象指卦爻象，依據它可以製作器物。占指預知未來，可以供卜筮之用。變和占的內容，前面已有論述。這裡專門討論一下觀象製器。《繫辭傳》：

> 古者包犧氏之王天下也……作結繩而為網罟，以佃以漁，蓋取諸離。包犧氏沒，神農氏作，斫木為耜，揉木為耒，耒之利以教天下，蓋取諸益。日中為市，致天下之民，聚天下之貨，交易而退，各得其所，蓋取諸噬嗑。神農氏沒，黃帝堯舜氏作，通其變，使民不倦，神而化之，使民宜之。易窮則變，變則通，通則久，是以自天祐之，吉無不利。黃帝堯舜垂衣裳而天下治，蓋取諸乾坤。刳木為舟，剡木為楫，舟楫之利，以濟不通，致遠以利天下，蓋取諸渙。服牛乘馬，引重致遠以利天下，蓋取諸隨。重門擊柝以待暴客，蓋取諸豫。斷木為杵，掘地為臼，臼杵之利，萬民之利，蓋取諸小過。弦木為弧，剡木為矢，弧矢之利，以威天下，蓋取諸睽。上古穴居而野處，後世聖人易之以宮室，上棟下宇，以待風雨，蓋取諸大壯。古之葬者，厚衣之以薪，葬之中野，不封不樹，喪期無數，後世聖人易之以棺槨，蓋取諸大過。上古結繩而治，後世聖人易之以書契，百官以治，萬民以察，蓋取諸夬。

以上共提到了十三個卦與聖人的製作有關，此種思想，被後人概括為觀象製器。從思路上來說，它與《大象傳》有類似之處。都是根據卦象推出人事。不同的是《大象傳》推出的多為政治和倫理思想，而這裡推出的則是器物的製作，象與器的關聯，有些勉強可以說通，如渙卦坎下巽上，坎為水，巽為木，木行水上，故有舟楫之象。大部分內容儘管後人有多種解釋，仍有牽強附會之感，所以不必細究。這段的用意，我以為主要是推崇和神化《周易》，認為古代聖王之成聖成王，無一不與之有關。

三、論占筮與大衍之數

就其最初的性質而言，《周易》本是占筮用的工具書。而《易傳》從整體上來說，則是一部借《周易》來表現其思想的哲學著作。這樣，二者之間就必然存在著矛盾和緊張的關係。《彖傳》和《象傳》等因為是逐卦解經，可以避免這一問題。但作為通論《周易》大義的作品，《繫辭傳》對這個問題是無法迴避的。閱讀這篇作品可以發現，其中有很多文字涉及到占筮的內容，而且更有熱情稱讚其功用的段落。這些文字如何評價，對理解《繫辭傳》乃至於整個《易傳》都有很重要的意義。

學術界對此問題有不同的看法。一種認為《繫辭傳》確實相信占筮，仍舊沒有從原始的迷信中完全擺脫出來；另一種認為作為一部理性的著作，它與占筮沒有任何關係。這個問題，其實涉及到如何看待《周易》和《易傳》的關係。

對《周易》和《易傳》的關係，經學時代的學者往往都把二者混為一談，雖然也有像朱熹那樣的少數人認識到其間的本質區別，但並不構成主流的意見。到了現代，隨著歷史學的發達，《周易》和《易傳》的區別得到了普遍的承認。但同時又出現了另外一種傾向，即把二者完全割裂開來，實際上，作為解釋《周易》的作品，《易傳》與它之間有著密不可分的聯繫，但作為產生於不同時代的文獻，二者之間又有著本質的區別。這種複雜的關係表現在《易傳》裡面，就是存在著「兩套語言」❻。一套是占筮的語言，一套是哲學的語言。但我們不要誤解這兩套語言是分離的，好像一段話講占筮，一段話講哲學，它們實際上是由相同的文字表現出來的。這種現象的實質就是占筮的哲學化，即對占筮活動進行了哲學的解釋。《繫辭傳》就是這種情形的典型代表。

《繫辭傳》中有一段話曾經提到《周易》中含有四種聖人之道，其中之一是「以卜筮者尚其占」。從這句話中可以明顯看出它對占筮的肯定態度。但如果我們把《繫辭傳》理解的占筮和西周時期人們理解的占筮等同看待的話，那就大錯特錯了。譬如西周時期的人相信有意志的鬼神存在，並且可以對人事發生決定性的影響。而《繫辭傳》則把鬼神理解為精氣的變化。這就已經有了本質的不同。

與此相關，《繫辭傳》並不把占筮理解為通過了解鬼神意志而預知吉凶的過程，而是看作一個「彰往察來」的過程。它曾對占筮有一個類似於定義性的說明，即「極數知來之謂占」。數一方面與筮數有關，但另一方面，它又有理的意義。換言之，它把筮數給邏輯化了，從而，由筮數的變化確定卦象並決定吉凶的過程，被理解為透過了解過去事物變化的規律，來推斷未來的過程。

《繫辭傳》對占筮活動曾經有一段很精采的說明，它說：

> 是以君子將有為也，將有行也，問焉而以言，其受命也如響，無有遠近幽深，遂知來物。非天下之至精，其孰能與於此！
>
> 參伍以變，錯綜其數。通其變，遂成天地之文；極其數，遂定天下之象。非天下之至變，其孰能與於此。
>
> 易無思也，無為也，寂然不動，感而遂通天下之故，非天下之至神，其孰能與於此！

如上面的安排，這段可以分為三個部分。第一部分講君子有事占問，無論屬於何種事情，《周易》都會馬上告訴答案。第二部分講用《周易》占筮時由筮數的變化來確定卦象的過程。第三部分講《周易》雖然寂然不動，無思無為，但天下的道理它都包括於其中。在每一部分的結尾，都有一句贊語，分別是至精，至變和至神。《繫辭傳》中，這幾個字的意思是類似的，指的都是對變化之道的把握。因此，這裡對占筮活動的稱讚，本質上是對人們通過了解變化之道，並據以推知未來的行為的稱讚。這正是將占筮予以哲理解釋的典型例子。

《繫辭傳》中與占筮有關的一個重要內容是對於筮法的說明。《周易》的筮法，與數字有密切的關係。根據最近二十年提出的數字卦學說，最初的卦象可能都是用數字來表示的。起初是用從一到十這十個數字，後來慢慢地集中於某些特定的數字上。由此足見數字的重要。從一到十這些數字，《繫辭傳》中分屬於天地，稱天地之數。它說：「天一，地二，天三，地四，天五，地六，天七，地八，天九，地十。天數五，地數五，五位相得而各有合。天數二十有五，地數三十，凡天地之數五十有五，此所以成變化而行鬼神也。」這段話在《繫辭傳》中本來不屬於同一段落，但它們的意思接近，所以根據朱熹的意見合併到一起。

這是把十以內的十個數字分成兩類，五個奇數即一三五七九為天數，五個偶數即二四六八十為地數。天數相加之合為二十五，地數相加之合為三十。天地之數相加為五十五，《繫辭傳》認為，天地之數正是占筮的基礎。所謂「成變化而行鬼神」，就是指占筮而言的。但是，就占筮活動實際所需要的數字來說，只是五十，而不是五十五。對此問題如何解釋，也是一樁學術公案，人各異辭，我們不必管它。

《繫辭傳》說：

> 大衍之數五十，其用四十有九，分而為二以象兩，掛一以象三，揲之以四以象四時，歸奇於扐以象閏，五歲再閏，故再扐而後掛。乾之策二百一十有六，坤之策百四十有四，凡三百有六十，當期之日。二篇之策萬有一千五百二十，當萬物之數也。是故四營而成易，十有八變而成卦。八卦而小成，引而伸之，觸類而長之，天

下之能事畢矣。顯道神德行，是故可與酬酢，可與祐神矣。

這一段話被稱作「大衍之數」章，其記載的內容通常稱作揲蓍成卦。揲是數的意思，蓍指蓍草，即由數蓍草來確定卦象。衍是演化之義。大衍指整個的演算過程。這個過程最初需要五十根蓍草。從中拿掉一根不用，實際使用的有四十九根。其後有四個具體的步驟，稱為「四營」，營是經營的意思。第一營是分而為二以象兩，簡稱分二，即把這四十九根蓍草分成兩堆。象兩的兩指天地或兩儀。第二營是掛一以象三，簡稱掛一，即從這兩堆蓍草的任一堆中取出一根，放在一邊。這樣它就與兩堆一起構成了三組。象三的三指天地人三才或者日月星三光。第三營是揲之以四以象四時，簡稱揲四，即以四為單位來數這兩堆蓍草，揲四的四象徵春夏秋冬四時。第四營是歸奇於扐以象閏，簡稱歸奇，指把揲四之後兩堆蓍草的餘數歸併到一起。奇是餘數的意思，餘數可以是從一到四的任何一種。象閏的閏指閏月，五年之中有兩個閏月，所以要「再扐」，即兩堆蓍草的餘數。

這樣經過四營之後，就叫一易（一變）。在第一變的基礎上，再經過四營的程序，這是第二變。然後又經過四營，成為第三變。三變之後，就可以確定一爻。由於卦是從下向上數的，所以最先確定的是初爻。如此總共經過十八變，就可依次確定六爻，成為一卦。所以說四營而成易，十有八變而成卦。

以上所說只是一般性的原則，具體的數字演算和確定陰陽爻的方法還沒有提及。大體說來，第一變在掛一之後，兩堆蓍草的總數是四十八根，用四數過後的餘數之和不是四就是八，是肯定的。因為假設一堆餘數是一，另一堆一定是三；一堆餘數是二，另一堆一定也是二；一堆餘數是四，另一堆餘數也是四。這樣，經過第一變之後，去掉了餘數之和的蓍草數目應該是四十四和四十兩種。這就是第二變開始時的數字，再經過四營，去除餘數之和四或八，參與第三變的蓍草應該是四十，三十六或者三十二根。如此再經過四營，去除餘數四或八，剩下的蓍草只能是三十六，三十二，二十八和二十四這四種。（必須注意，在第二變和第三變中，與第一變稍有不同的是掛一的那根蓍草在第一變中不算在餘數裡，但這裡則要放在餘數中。）這四個數字，就是確定陰陽爻的依據。所以它叫策數，策就是蓍的意思。從這四個數字確定陰陽爻的辦法，是將它們用四來除，其結果就是九，八，七，六。其中九和七是天數，求得它們就是陽爻。六和八是地數，求得它們就是陰爻。

陽爻中，九和七也有區別，九是老陽，是可變爻；七是少陽，是不變爻。陰爻中也如此，六是老陰，是可變爻；八是少陰，是不變爻。《周易》以變爻為主，所以陽爻稱九，陰爻稱六。九的策數是三十六，六的策數是二十四。乾卦六爻皆陽，三十六乘六，是二百一十六，所以說乾之策二百一十有六。坤卦六爻皆陰，二十四乘六，是一百四十四，所以說坤之策百四十有四。乾坤之策相加等於三百六十，正相當於一年三百六十天，所以說當期之日。期是一年的意思。二篇指《周易》上下篇，共六十四卦，三百八十四爻。其中陰陽爻各一百九十二，三十六乘一百九十二是六千九百一十二，二十四乘一百九十二是四千六百零八，二者相加是一萬一千五百二十。所以說二篇之策萬有一千五百二十，當萬物之數也。

以上這段話中，值得注意的有以下幾點。

其一，從不用之一開始，到分二，象三，揲四，五歲再閏，再到確定陰陽爻的六，七，八，九，除了十以外，天數和地數都被依次提到。而且，如果把五十看做十的倍數的話，那麼作為大衍之數的五十實際上就包含了數字十。這樣來理解，整個揲著成卦的過程，就好比是天數和地數交替展開的過程。《繫辭傳》這樣安排的用意，就是以天地的變化來解釋卦象。這與其他地方關於卦象來源於聖人仰觀俯察的說法相得益彰。

其二，從大衍之數五十開始，經分二，象三，象四時，象閏，到當期之日，當萬物之數。整個揲著成卦的過程又被理解為時間的展開過程，以及萬物的形成過程。從天地，日月星辰，到四時，閏月，歲，這是一個典型的古代中國的時間展開模式。同時，這個時間展開的模式也是一個萬物生成的模式，一個從天地到萬物的模式。因為萬物生成總歸是離不開時間的。這樣，經過《繫辭傳》的解說，揲著成卦又被賦予了宇宙論的意味。

其三，這種宇宙論的意味因為如下的這段話，又得到了進一步的加強。這段話就是「是故易有太極，是生兩儀，兩儀生四象，四象生八卦，八卦定吉凶，吉凶生大業」。

就其本義來說，這段話與大衍之數章有關，太極指蓍草混而未分的狀態，兩儀指分二，四象指六七八九這四個數字，由此可以確定八卦。但在後來的解釋中，太極一般被認為是天地萬物的根源，兩儀指天地、陰陽等，四象指四時，而八卦則代表了萬物。

大衍之數章，是古代文獻中惟一記載筮法的段落。它所記是否真實，是否除此之外，還有其他一些筮法存在，我們都不得而知。但幸虧有此，我們才可以對古人用《周易》占筮的方法有一些了解。嚴格地講，這裡所說只是占筮方法的一部分。除此之外，還有占法，即求得一卦象之後，如何進一步判定吉凶的方法。這部分內容，《繫辭傳》根本就沒有涉及到。所以，僅憑《繫辭傳》所記去復原古代的占筮過程，還是不可能的。這也表明《繫辭傳》的作者對占筮的真實態度，他對周代的占筮本身並無太大的興趣，它關心的只是哪些占筮的素材可以更方便地被哲理化。

四、論卦爻象和卦爻辭

靜態地看《周易》這部書，它是由象和辭兩部分構成的。對象和辭的性質如何理解，它們之間的關係如何，是研究《周易》時不能迴避的問題。《繫辭傳》對此也有明確的說法。

象分卦象和爻象兩種。就卦象來說，也可以分成八卦和六十四卦。關於八卦的起源和六十四卦的形成，我們在前面講《周易》形成的問題時已經提到，此不贅述。那裡的講法主要是歷史的描述，而不是對其性質的說明。《繫辭傳》對卦象性質的說明，有另外一套講法。它說：「是故易者，象也。象也者，像也。」易者象也，是說《周易》的本質就是象，《易》之為《易》，就是因為它有象。而象的實質是「像」。像作名詞講，指事物的形象；作動詞講，就是摹仿事物的形象。譬如包犧氏作八卦，以通神明之德，以類萬物之情，「通」和「類」就是「像」。

《繫辭傳》又說：「是故夫象，聖人有以見天下之賾，而擬諸其形容，象其物宜，是故謂之象。」賾是複雜，天下的事物是紛繁複雜的，聖人要用簡單的東西來表現它，於是比擬它的形象，考慮它的實情，然後創造出卦象。照這裡所說，卦象從本質說，乃是對天下萬物的概括。

既是對天下萬物的概括，就不是天下萬物本身。象是在「通」「類」「擬」「象」的基礎之上，提煉出來的。也就是說，象並不直接概括萬物的形象，它是摹仿萬物的性質。譬如「神明之德」，譬如「萬物之情」。《繫辭傳》曾經舉乾坤為例加以說明，它說：「夫乾，確然示人易矣；夫坤，隤然示人簡矣。爻也者，效此者也；象也者，像此者也。」

這裡乾坤象徵天地。確然是剛健的樣子，隤然是柔順的樣子。天上日月星辰雖不計其數，但有一個共同的特點，即剛健不息。把握了這點，就把握了天的共性，這就很容易；地上草木鳥獸雖紛紜複雜，也有一個共同的特點，即順天出入，春生夏長，秋收冬藏。把握了這一點，就把握了地的共性，這就很簡單。乾坤兩卦的卦象就是效法這易和簡的。乾卦六爻皆陽，既表現了剛健之德，又易晝易記；坤卦六爻皆陰，既表現了柔順之德，又簡單明瞭。

這裡就出現了一個問題，天下萬物的性質固然可以說是其固有的，但畢竟離不了人的概括。在人的概括過程中，人的想法就滲透進去了。在這個意義上，卦象既是對天下萬物的概括，同時也表達了人的意圖。《繫辭傳》說：「子曰：書不盡言，言不盡意。然則聖人之意其不可見乎?子曰：聖人立象以盡意，設卦以盡情偽。」聖人設立卦象是為了完全地表達他的想法，反映天下萬物的真實情況。正因為卦象的這些特點，《繫辭傳》才以其中含有天地人三才之道。所謂「兼三才而兩之，故六。六者非它，三才之道也」。

就卦象本身來說，《繫辭傳》認為有陰陽小大的區分。卦分陰陽，是就八卦說的。所謂「陽卦多陰，陰卦多陽」，具體說，震坎艮是陽卦，兌離巽是陰卦。陽卦象徵君子道，陰卦象徵小人之道。而小和大，則是就六十四卦說的。《繫辭傳》說：「是故列貴賤者存乎位，齊小大者存乎卦……是故卦有小大，辭有險易。辭也者，各指其所之也。」小大的意思，較難理解。前人說法也不一致。韓康伯有個說法，以「其道光明曰大，君子道消曰小」。這與《彖傳》解釋泰否兩卦吻合。泰卦和否卦卦辭分別有「小往大來」和「大往小來」句，《彖傳》於前者解釋為「君子道長，小人道消也」，於後者解釋為「小人道長，君子道消也」。韓康伯的說法可以參考。

卦象之中就包含了爻象。所謂「八卦成列，象在其中矣；因而重之，爻在其中矣」。如前所說，卦象是要表示天下萬物的性質，爻象則主要表現天下萬物的運動。《繫辭傳》說「爻者言乎變者也」，「爻者效天下之動者也」，都是此義。相對來說，卦的性質是比較固定的，《繫辭傳》中曾經說「卦之德方以知」，方就是固定的意思。而爻的性質就在於它的變動，在一卦六位中的變動。這六位並不是哪一爻可以固定下來的，所以又稱六虛。《繫辭傳》用「變動不居，周流六虛；上下無常，剛柔相易」來形容。這裡有上下和剛柔的說法，實際上指出了爻象的兩個方面。上下是就爻位講，一卦六爻有上下的區別，上下並不限於空間的意義，它還代表了貴賤，所謂「列貴賤者存乎位」，就是這個意思。剛柔是就爻性講，陽爻為剛，陰爻為柔。剛柔的意義也不限於描述爻的性質，它還代表了君子小人等。而爻位和爻性的不同組合及搭配，就確定了卦象，同時也確定了吉凶。《繫辭傳》云：「道有變動，故曰爻。爻有等，故曰物。物相雜，故曰文。文不當，故吉凶生焉。」這是說，爻的作用是表現道的變動。爻有等，是說爻有陰陽貴賤的區分，這與萬物類似，所以叫物。物相雜，是說剛柔錯綜雜居，形成了不同的樣子，這叫文。剛柔之間的關係就決定了某爻是吉還是凶。

以上簡要介紹了《繫辭傳》對卦爻象的看法。就象與辭的關係來說，它認為象是根本，辭是對象的說明，用來告訴人們象的意義。《繫辭傳》說：

> 聖人設卦觀象繫辭焉而明吉凶……是故吉凶者失得之象也，悔吝者憂虞之象也。

聖人先設卦，然後觀象繫辭，即根據卦爻象來繫上卦爻辭。譬如卦爻辭中有「吉凶」之辭，這是由於卦爻中有失得之象。得則吉，失則凶。有「悔吝」之辭，這是由於卦爻象中有憂虞之象。憂是憂慮，虞是思量，都有躊躇不定之義。《繫辭傳》又說：「彖者，言乎象者也。爻者，言乎變者也。吉凶者，言乎其失得也。悔吝者，言乎其小疵也。無咎者，善補過也。」彖指卦辭，是用來表達卦象意義的。後文還有「彖者材也」之說，材通裁，是斷定的意思。爻指爻辭，是用來表達一卦中不同變化的。吉凶，是表現失得的。悔吝，是說有小的瑕疵。無咎，是說善於補救自己的過失。

《繫辭傳》還說：「易有四象，所以示也。繫辭焉，所以告也。定之以吉凶，所以斷也。」對四象的意義，學者解釋不一。有說指陰陽老少（即筮法中的六七八九）的，有說指此段前面所講的「河圖洛書」等四種象的，無論如何，它是象。象不能說話，但可以顯示。聖人把它顯示的意義寫下來，告訴別人，這就是卦爻辭。卦爻辭中的吉凶，是對卦爻象的意義做最後斷定的。

《繫辭傳》對爻象和爻辭的關係進行了較詳細的說明。它說：「吉凶悔吝者，生乎動者也。剛柔者，立本者也。變通者，趨時者也。吉凶者，貞勝者也。」吉凶悔吝指爻辭。金景芳先生曾提到：「卦辭言吉凶而已，爻辭言吉凶悔吝。此言吉凶悔吝，故知是爻辭。」❼動指爻的變動。剛柔，指陰陽爻，這是卦的根本。爻的不斷地變化，變通的目的是為了隨時。示以吉凶是為了指導人們做事成功，趨利避害。這是講爻辭是由爻象來決定的。《繫辭傳》又說：「爻象動乎內，吉凶見乎外，功業見乎變，聖人之情見乎辭」。也是以先有爻象的變動，然後有吉凶產生。聖人以此趨利避害，其具體內容則透過爻辭表現出來。

以上都是一般性的論述，至於爻象與吉凶到底是何關係，並沒有交代。這方面的內容《繫辭傳》也有涉及，它說：「易之為書也，原始要終以為質也。六爻相雜，惟其時物也。其初難知，其上易知，本末也。初辭擬之，卒成之終。若夫雜物撰德，則非其中爻不備。噫！亦要存亡吉凶，則居可知矣。知者觀其彖辭，則思過半矣。二與四同功異位，二多譽，四多懼，近也。柔之為道，不利遠者，其要無咎，其用柔中也。三與五同功而異位，三多凶，五多功，貴賤之等也。其柔危，其剛勝邪！」這一段話是《繫辭傳》對爻位性質的總說明，是理解爻象與爻辭關係的重要參考。原是推原，要是推求，這裡指一卦六爻而言，從下到上。《彖傳》解釋乾卦時曾說「大明終始，六位時成」，終始是就六位說的，與此處一致。所以後面就說六爻相雜，時指卦，物指爻的位置。這是說六爻構成了一卦，並分別占據了自己的位置。

以下就論述各爻位的特點。首先是初爻和上爻。初爻一般難於判斷吉凶，而上爻的情況容易了解，這是作者對《周易》初上爻辭觀察之後進行的概括。為什麼如此呢？因為初爻位居一卦最下，好比是本。上爻位居一卦最上，好比是末。本隱藏不見，難於認知。末則明白顯露，易於了解。所以初爻的爻辭是比擬性的，試探性的，而上爻的爻辭則多具完成和終結的意義。其次是中爻。中爻指二至五這四爻，一說指二爻和五爻。要想全面了解各爻的德行，分別是非，它們是必不可少的。它們與存亡吉凶的關係，智者從爻辭中就可以了解大半，所以說居可知也，居是不動，如「君子居則觀其象而玩其辭」之「居」。值得注意的是，這裡的「彖辭」指爻辭而言，而在很多時候，特別是彖與爻相對使用的情況下，彖辭只指卦辭。以下具體地說中爻，二與四同功而異位，功是性質，位是位置。功就陰陽言，位就上下言。同功是說同屬陰，異位是說一在上，一在下。由於這種差別，所以其吉凶禍福不同。二爻多譽美之辭，而四爻多恐懼之辭，這是因為四爻近於五爻。五爻在《易傳》中多被解釋為天位或君位，接近於天或君主，自然多恐懼之心。後面說柔不是指陰爻，仍然是講爻位，指陰位。對於陰位來說，越遠就越不利。四爻身居外卦，顯然較二爻為遠，所以能夠做到無咎就不錯了。而對於陰位的爻來說，最好是居中位。當然，只有六二爻符合這個條件。所以六二爻一般比較吉利。三爻和五爻同屬陽位，但也是位置不同。一般而言，三爻多凶險之辭，五爻多吉利之辭，造成這種情況的原因是因為五爻貴，而三爻賤。對於陰爻來說，位置越靠上就越危險，而陽爻則正好相反。因為陰爻是論遠近，而陽爻是論貴賤的。

上述描述顯然是概括各爻位爻辭吉凶情況之後得到的結果。值得注意的是對這種現象的解釋。把初和上說成本末，以其他位置為中爻，實際上是把一卦看成一個有機的整體。這個整體中，陰和陽各有其適當的角色。陰以二爻為吉，陽以五爻為利。陰適於居內卦，而陽適於居外卦。如果把陰陽置換成男女的話，便可發現這與《彖傳》的想法是一致的。《彖傳》解釋家人卦說：「家人，女正位乎內，男正位乎外。男女正，天地之大義也。家人有嚴君焉，父母之謂也。父父子子兄兄弟弟夫夫婦婦，而家道正，正家而天下定矣。」家人卦的卦象是離下巽上，正是陰爻居二位，陽爻居五位，所以才有「女正位乎內，男正位乎外」的說法。這裡體現出的觀念與《繫辭傳》顯然是一致的。

在爻象的討論中，除了對爻位的說明外，《繫辭傳》還涉及到各爻之間的關係對吉凶的影響。它說：「變動以利言，吉凶以情遷。是故愛惡相攻而吉凶生，遠近相取而悔吝生，情偽相感而利害生。凡易之情，近而不相得則凶，或害之，悔且吝。」變動指爻而言，利指吉凶，情指各爻之間的關係。以下「愛惡相攻」，「遠近相取」，「情偽相感」都指爻與爻之間的關係。

五、一陰一陽之謂道

當《繫辭傳》把《周易》主要理解為講道之書的時候，同時也就表明了它自己是把道作為要討論或發揮的主題。道的概念在諸子哲學興起的時候，就是一個重要的論題。眾所周知，老子以道為天地萬物之所從出，首次賦予道以萬物本原的意義。孔子也講道，主要是在人道的範圍之內。就《易傳》而言，從《彖傳》開始已經把「道」作為一個重要範疇加以使用，如其解釋乾卦時說「乾道變化」，這裡的乾道就是天道。其解釋謙卦說「天道下濟而光明，地道卑而上行。天道虧盈而益謙，地道變盈而流謙，鬼神害盈而福謙，人道惡盈而好謙」，將天道、地道、人道並提。此外，在解釋泰、否、恆、觀、臨等十多卦時，都使用和發揮道的觀念，有諸如君子道，小人道等具體的說法。《象傳》雖文字簡略，也有「裁成天地之道」等說法。至於《繫辭傳》道論更成為其義理的核心內容。其所說的道，從範圍上講是無所不包，天道、地道、人道都在其中。而從抽象程度上說，也是越來越高了。

《繫辭傳》中，對於什麼是道，有兩個近似於定義的描述。一個是「形而上者謂之道，形而下者謂之器」，另一個是「一陰一陽之謂道」。兩者的角度不同，前者將道與器並提，主要是強調道在形式上與器的區別。後者則是對道的內涵的說明。我們先來看一下前者。

道與器並提，就目前來說，最早見於《老子》。今本《老子》五十八章有「道生之，德畜之，物形之，勢成之。是以萬物莫不尊道而貴德」的一段話，在馬王堆帛書本中，「勢」作「器」。這段話中，道和德是一組，物和器是一組。前一組是無形的，是生養者；後一組是有形的，是被生養者。這是老子所理解的道與器的區別。《繫辭傳》這裡說的道與器，與此有類似之處。形而上，形而下的上下，是先後的意思。形，就是形體，形而上就是無形的意思，無形的東西就叫做道。形而下就是有形的意思，有形的東西就叫做器。

道和器，當然可以說是一對哲學概念，但在《繫辭傳》中，它是在什麼樣的背景下提出的。換句話說，什麼樣的素材讓《繫辭傳》的作者想起道和器的問題。從文章中看，這個素材就是卦象和意義的關係問題。《繫辭傳》說：「子曰：書不盡言，言不盡意。然則聖人之意其不可見乎？子曰：聖人立象以盡意，設卦以盡情偽，繫辭焉以盡其言，變而通之以盡利，鼓之舞之以盡神。」這是說，文字不足以寫出言說的內涵，言說也不足以講出心中的想法。那麼，聖人是如何來表達其意旨的呢？聖人的辦法是立象設卦，並由其間複雜的變化，來盡意盡神。照這裡所說，卦象的發明是聖人為了要表現其意義的，是為了要表現其對變化之道（神）的理解的。卦象是有形的，意義是無形的。無形的東西無法表現出來，因此必須借助於有形之物，這有形之物就是卦象。上面所說的器，就是對卦象的概括；道，就是對意義的概括。因為在所有的卦象中，乾坤兩卦是根本，所以《繫辭傳》就以乾坤作代表，認為《周易》的意義集中地表現在乾坤之中。它說：「乾坤其易之蘊邪！乾坤成列而易立乎其中矣。乾坤毀則無以見易。易不可見，則乾坤或幾乎息矣。」《繫辭傳》中使用的「易」字，意義並不相同。有時指《周易》

這本書，有時指變易，有時指簡易。這裡的「易」字，有指書的意味，但不限於此。它更重要的意義是指《周易》中包含的意義，或者說《周易》之「大意」，這也就是「易道」。蘊是蘊藏之義，乾坤中蘊藏著「易」。乾坤成列是就卦象而言，乾坤的卦象往那一擺，「易」就存於其中了。如果沒有乾坤的話，「易」就無法表現出來。「易」無法表現出來，乾坤也就沒什麼用途了。

這段話講易與乾坤的關係講的很明確，乾坤是用來表現易道的，而且易道也只有在乾坤中才可以表現出來。易道是乾坤的內容和意義，乾坤是易道的表現形式。易和乾坤實際上就是道和器的另一種說法。易和乾坤的關係也就是道和器的關係。所以說完易和乾坤之後，《繫辭傳》用了一個表示與前文有因果關係的「是故」一詞，講述道和器。

到這裡，我們可以提到關於道的另外一個描述了。顯然，僅僅說道無形是不夠的，這只是一個否定性的規定。我們還須知道它的肯定性的規定，它的內容是什麼。《繫辭傳》的表述很簡單，就是「一陰一陽」。將這「一陰一陽」與乾坤聯繫起來，再自然不過了。一方面，乾坤是陰陽的代表，如《繫辭傳》所說「乾，陽物也；坤，陰物也」。另一方面，如上面提到的乾坤與易的關係，也包含著「一乾一坤之謂易」的意思在其中。但是，無疑的，一陰一陽較之乾坤，顯然具有更大的概括性。乾坤還容易讓人以為是兩個卦以及天和地。但陰陽不會給人這樣的誤解。

「一陰一陽」中的「一」字，應該做「又」理解。又陰又陽，陰陽交織在一起，突出的是陰陽之間既對立又統一的關係，道就是這個對立統一的整體。只有陰不是道，只有陽也不是道，陰陽變易的整體才是道。這個意思又可以從兩層來理解，一層是說道是陰陽變易的法則，一層是說道是陰陽變易的過程。

《繫辭傳》說：

> 一陰一陽之謂道。繼之者善也，成之者性也。仁者見之謂之仁，智者見之謂之智，百姓日用而不知，故君子之道鮮矣。

繼是繼續，成是完成，前面講道，後面緊接著就講到人。前引馬王堆帛書《老子》中，有「器成之」一句，「成」就已經進入了器的領域。人可以說也是一個器，與一般之器不同的是，人有德性和智慧，可以把自己再提升至道的境界。但是絕大部分人做不到這一點。對於老百姓而言，他們平常都賴此道而生，但自己意識不到。仁者只能見到道的仁一方面，智者只能見到道的智一方面，所以了解體會君子之道的人少之又少。

這段話的用意，乃是要求人們用對立的觀點看事物，因為道就是這樣的。這個看法的提出，與《周易》本身有著密切的關係。從卦象上看，其最基本的構成要素是「--」和「一」，這是一個對立；八個經卦，可以分為相對的四組，這是一個對立；六十四卦的卦象，可以分成三十二個對立面，這從六十四卦的排列順序中就可以看出，這也是一個對立。從卦名上看，乾坤、泰否、既濟未濟等都明顯具有對立的意味。而且，這種對立在卦爻辭中也可以看出來，如泰卦和否卦的卦辭就正相對：

泰：小往大來，吉亨。

否：不利君子，大往小來。

可以說，《周易》本身的結構給《繫辭傳》提出「一陰一陽之謂道」的命題以重要的刺激。另外，《彖傳》、《象傳》等的解釋也為它做了良好的義理準備。譬如二傳突出了《周易》的對立結構，如用剛柔來稱呼奇偶二畫，並開始使用陰陽的概念來解釋卦爻象。《彖傳》對陰陽的使用僅限於對泰否兩卦的解釋，其說泰卦時稱「內陽而外陰」，說否卦時稱「內陰而外陽」，這裡陰指作為單卦的坤，陽指作為單卦的乾，是用陰陽來解釋卦象。《象傳》提到陰陽，也只是在對乾坤兩卦初爻的解釋上，其說乾初九爻云「陽在下也」，說坤初六爻云「陰始凝也」。這裡的陰陽分別指稱兩種爻象。《彖傳》和《象傳》雖然很少使用陰陽的概念，但畢竟萬事開頭難，有了這個開始之後，就為《繫辭傳》進一步的發揮提供了基礎。

本著一陰一陽的原則，《繫辭傳》把八卦區分為陰陽兩類。其中除了乾陽坤陰毋庸置疑外，其餘六卦區分依據是這樣的。它說：

陽卦多陰，陰卦多陽。其故何也？陽卦奇，陰卦偶。其德行何也？陽一君而二民，君子之道也。陰二君而一民，小人之道也。

陽卦多陰，是說陽卦中陰爻多，即由兩陰爻和一個陽爻組成。這樣，震坎艮就是陽卦；陰卦多陽，是說陰卦中陽爻多，即由兩個陽爻和一個陰爻組成。這樣，巽離兌就是陰卦。陰陽卦的區分與後面會提到的《說卦傳》中男女卦的區分是一致的。這樣區分的原因，是因為兩陰一陽構成的數字一定是奇，奇為陽。兩陽一陰構成的數字一定是偶，偶為陰。而且，從德行上說，陽代表君，陰代表臣，陽卦一君二民，是君子之道；陰卦二君一民，是小人之道。

在這段敘述中，我們可以看出，陰陽的概念實際上已經指向了政治和倫理的領域。陽代表了君、君子，陰代表了民、小人。這實際上是把各種社會現象也像自然現像那樣分成陰陽兩類，認為二者遵循著同樣的規則，而這個規則就是體現於《周易》中的道。

就陰陽的本義而言，它們只是指日光的向背。山的南面，水的北面，因為向著日光，所以為陽；山的北面，水的南面，因為背著日光，所以為陰。西周末期，當時有一個史官伯陽父曾經用陰陽二氣來解釋地震，事見《國語·周語下》。這時，陰陽已經被視為氣，並用來說明自然現象。春秋時期，有一個醫生醫和用陰陽等來解釋人體的疾病，這已經進入了人的領域。稍後，范蠡用陰陽來說明軍事現象，這已經進入了社會領域。在馬王堆帛書《黃帝四經》中《稱》這一篇已經提到了非常系統和成熟的陰陽學說，譬如天陽地陰，春陽秋陰，夏陽冬陰，主陽臣陰，父陽子陰，娶婦生子陽有喪陰等，內容涵蓋自然界和人類生活的各方面。從《繫辭傳》對陰陽的論述看，與《稱》有類似之處。若從概括程度上講，《繫辭傳》無疑比《稱》要高。

「一陰一陽之謂道」這個命題的提出，無論是在陰陽學說發展史上，還是在對道的理解上，都有重要的意義。一方面，陰陽成為道的內容，就使它具有了普遍的價值。從此，陰陽成為人們觀察和理解世界的主要圖式之一。一切的自然物，社會角色，行為方式以及道德價值，都可以用陰陽來說明。同時，每一個事物都被從陰陽兩方面來理解，這無疑深化了人們對事物的認識。譬如對性的看法，《繫辭傳》在「一陰一陽之謂道」之後，提出「繼之者善也，成之者性也」，不管這句話的意義如何解釋，性總是與道，與陰陽的觀念結合起來。這為以後董仲舒從陰陽兩方面理解「性」，調和孟子和荀子的學說，奠定了基礎。另一方面，道以陰陽為內容，也不同於道家僅僅以虛無無形解釋道，而是使道具有較明確的規定，為形而上的道與現實世界的聯結提供了橋梁。譬如，由此出發，《易傳》就較容易推出仁義為人道的說法。

六、剛柔相推而生變化

《周易》通常都被看做是講變化的書，這在很大程度上是由於《易傳》特別是《繫辭傳》的解釋。據統計，「變化」一詞在《易傳》中總共出現十二次，其中《繫辭傳》中就有八次。該傳中有如下評論《周易》的一段話：

《易》之為書也不可遠，為道也屢遷。變動不居，周流六虛；上下無常，剛柔相易；不可為典要，惟變所適。

這裡極形象生動地描述了《周易》一書與變化的關係。易之為書也不可遠，是說《周易》與人們的生活不能分割。為什麼呢？因為它講的道是變遷之道。後面從「變動不居」到「剛柔相易」，講的都是爻在一卦中的變動。六虛指一卦的六位，剛柔指陰陽爻。這是說隨著陰陽爻在一卦六位裡的周流，就形成了不同的卦象。這些變化並沒有固定的規則可循，一切都要依每一卦，每一爻的具體情形來判定。

就《周易》六十四卦而言，每一卦都有六位，這是共同的，區別只在於爻的搭配。正是爻的不同，才導致了卦的不同。所以《繫辭傳》一直把爻視為變化的關鍵。如說「爻者言乎變者也」，「聖人有以見天下之動，而觀其會通，以行其典禮，繫辭焉以斷其吉凶，是故謂之爻」。基於此，《繫辭傳》提出了「剛柔相推而生變化」的命題。它說：

> 天尊地卑，乾坤定矣。卑高以陳，貴賤位矣。動靜有常，剛柔斷矣。方以類聚，物以群分，吉凶生矣。在天成象，在地成形，變化見矣。是故剛柔相摩，八卦相蕩，鼓之以雷霆，潤之以風雨，日月運行，一寒一暑，乾道成男，坤道成女。

這一段話，可以說是《繫辭傳》使用「兩套語言」的典型代表。我們這裡從卦的方面講。天尊地卑，乾坤定矣，尊卑是高低的意思，效法天地的尊卑，乾坤兩卦象就確定了。卑高以陳，貴賤位矣，陳是列的意思，卦象按照從卑到高的順序排列，貴賤位置的區別就出來了。這是講爻位。動靜有常，剛柔斷矣。剛柔指爻的性質，陽爻為剛，陰爻為柔。陽則動，陰則靜。這是說剛和柔有動靜的性質。

前面這段話，從乾坤開始，講爻位，再講爻的動靜，並不是隨意的，它體現了作者的一個一貫想法。先有卦，而後才有爻。乾坤是純卦，也是爻變的舞臺，其他各卦都是在乾坤的背景上，透過爻的變動而形成的。如《繫辭傳》在他處所說的，「八卦成列，象在其中矣。因而重之，爻在其中矣。剛柔相推，變在其中矣。」於是我們看，在剛柔動靜之後，就有了不同卦象的區分，即「方以類聚，物以群分」，卦象可以示人吉凶，所以說「吉凶生矣」。在天成象，在地成形，天地指乾坤，是說在乾坤的背景上產生不同的卦象，這樣，變化就出現了。這個變化是剛柔變動的結果，所以後面總結說，是故剛柔相摩，八卦相蕩，摩是摩擦，蕩是激蕩。雷霆指震，風雨指巽，日月指坎離，經過剛柔和八卦的相互作用，就在乾坤之上形成了全部六十四卦。

這段話從乾坤開始，講六十四卦象的形成，內中剛柔是關鍵。所以，後文進一步說道：

> 聖人設卦觀象繫辭焉而明吉凶，剛柔相推而生變化。是故吉凶者失得之象也，悔吝者憂虞之象也，變化者進退之象也，剛柔者晝夜之象也。六爻之動，三極之道也。

剛柔相推而生變化，是一句概括之辭。推是推移，剛柔彼此推移，是變化發生的原因。這種推移在卦象中就表現為陰陽爻的進退，所以說變化者進退之象也。這種進退就好比是晝夜的交替，所以說剛柔者晝夜之象也。

以上所說，指出了「剛柔相推而生變化」這一命題提出的背景。從中我們可以了解其具體的意義。但在這個具體的意義之外，它還有一個更抽象的意義，即用對立事物的相互作用來解釋一切的變化現象。從《繫辭傳》來看，它的用意的確不限於解釋卦象，它要用剛柔相推來解釋整個世界的變化，實際上，我們如果通過哲理的語言去讀前面提到的「天尊地卑」那段話，那就是用對立事物之間相摩相蕩的關係去說明萬物的產生。在其他地方，《繫辭傳》也表達了類似的想法，它說：「日往則月來，月往則日來，日月相推而明生焉。寒往則暑來，暑往則寒來，寒暑相推而歲成焉。往者屈也，來者信也，屈信相感而利生焉。」這是用日月相推說明「明」的產生，用寒暑相推說明「歲」的形成，用往來屈伸說明「利」的本性。又其論萬物的產生說：「天地絪縕，萬物化醇；男女構精，萬物化生。」絪縕，構精都說的是對立事物之間的作用，正是天地的彼此作用，才是萬物產生的原因。

《繫辭傳》對變化的說明，由於經常用晝夜、四時等為喻，有時給人以循環論的印象。實際上並非如此。它認為，變化的結果在很多時候是新事物的產生，就像天地絪縕產生萬物一樣。《繫辭傳》把這概括為通：「易窮則變，變則通，通則久。」窮是說到了盡頭，如我們平常所說走到了死胡同。這個時候就要求變，而且也必須要變，變的結果就是通，通是通順，暢通之義。道路暢通了，就可以走很久。《繫辭傳》又說：「是故闔戶謂之坤，闢戶謂之乾。一闔一闢謂之變，往來不窮謂之通。」闔是關閉，闢是打開，一闔一闢就是變化，這與剛柔相推而生變化的意思是一致的。往來不窮就是久的意思，這就是通。《繫辭傳》經常提到通，在它看來，最能體現變通的是四時，所以經常說「變通莫大乎四時」。四時即春夏秋冬，它們不停運轉，永無止息。

綜上所述，《繫辭傳》對變化的理解，一是肯定變化的普遍性和合理性，認為萬物是在變化中產生和發展起來的。二是把變化看做是對立面的互相推移，用對立面的相互作用來說明變化的原因。《繫辭傳》的上述認識，是借解釋《周易》特別是其卦象結構完成的，同時也具有普遍的意義。

七、三陳九卦與憂患意識

《繫辭傳》並非逐卦解經的作品，其主要的目的是通論《周易》大義。但在其具體的論述中，也經常提到一些卦以及卦爻辭，借此表現其對《周易》的理解和態度。這些內容中，以三陳九卦和對一些爻辭的解釋最為集中。

《繫辭傳》中並沒有「三陳九卦」這個詞，它是後人對如下一段文字的概括：

> 是故履，德之基也。謙，德之柄也。復，德之本也。恆，德之固也。損，德之修也。益，德之裕也。困，德之辨也。井，德之地也。巽，德之制也。

履和而至，謙尊而光，復小而辨於物，恆雜而不厭，損先難而後易，益長裕而不設，困窮而通，井居其所而遷，巽稱而隱。

履以和行，謙以制禮，復以自知，恆以一德，損以遠害，益以興利，困以寡怨，井以辨義，巽以行權。

這裡連續三次以同樣的次序論述了從履到巽這九卦，所以稱「三陳九卦」。這裡的特點是根本不涉及卦爻辭和卦爻象，而完全著眼於卦名，來討論九卦意義。而且，論述其意義的時候，明顯以儒家德的觀念為中心，以下我們分三層進行解說。

第一層，把九卦都看做是與德處在某種關係之中，可稱九德。履讀為禮，《象傳》認為履卦的卦義是「君子以辨上下，定民志」，就是以履為禮，《論語》上說「立於禮」，「不學禮，無以立」，所以它是德的根。謙是謙讓，柄是把柄，關鍵，謙是德的核心。復是反，反即反求諸己，這是德的根本。恆，是永恆不變，所以是德之固，固是固定之意。損，減損，《象傳》解釋為「君子以懲忿窒慾」，孟子有言「養心莫善於寡慾」，寡慾即損，所以是德之修，修是養的意思。益，增益，比喻德的擴充，所以是德之裕也，裕是充裕。困，窮困，於窮困之中，人的德行最容易分辨，所以說德之辨也。井，《彖傳》解釋說「養而不窮也」，養而不窮，則可以作德的依托，所以是德之地也。巽，《彖傳》和《象傳》都解釋為申命，即申明教令，此與制度有關，故云德之制也。

第二層，是說明九德的作用。和是和諧，至是極至。《論語》上說「禮之用，和為貴。先王之道，斯為美」，所以說履和而至。謙尊而光，與《彖傳》文字相同。尊是尊崇，光是廣大，此是說謙讓反而能達到尊崇和廣大。復是反己，一己雖小，但知己可以知人，所以復小而辨於物，辨是了解的意思。雜是雜多瑣碎，厭是厭倦，有恆心就不會厭倦雜事小事，所以說恆雜而不厭。減損欲望，如逆水行舟，不進則退，是很難的事情，但一旦達到隨心所欲不逾距，就非常容易，所以損先難後易。益長裕而不設，益是增益德行，長裕是經常充裕，設是人設之意，不設即不用人設，不需造作。如孟子講浩然之氣的培養，是集義所生，非義襲而取之也。困窮而通，處於困境為窮，窮則變，變則通。井居其所而遷，居其所是固定其地，遷是其水為人所取，經常變遷。這是以井為喻，講德行既恆常又日新。巽稱而隱，稱是合宜，隱是藏而不露，此是說教令合宜，移風易俗於無形之中。

第三層，繼續論九卦的作用。履以和行，是說以禮指導行為。謙以制禮，是說謙讓為禮的精神。復以自知，反己的目的是自知。恆以一德，恆可以專一其德，守德不變。損以遠害，《老子》有云「禍莫大於不知足，咎莫大於欲得」，減損慾望，則可以免於咎害。益以興利，增益德行足以發揚光大好的方面。困以寡怨，處於困境，於時命有很多體認，可以不怨天、不尤人。井以辨義，井之德養人而不窮，可以讓人知道義。巽以行權，權是權宜，與經相對，經是常態。君子行教令，必須根據情況，有經有權。

以上簡略解釋了三陳九卦的意義。《繫辭傳》為什麼選這九卦進行論述，我們不得而知。其目的，主要是要表明《周易》是一部講德行修養的書。所以，對九卦的討論無一不以德為中心。其論德，又以修身為主，而通於治國。大體說來，自困卦以前，都是修身的內容，而困卦之後，則涉及到濟民（井卦）治國（巽卦）。由修身開始，以求治國平天下，是儒家的一貫思路和目標，同樣體現在三陳九卦之中。由此看來，九卦的選擇也許並不隨意，而是表現了作者的獨特用心。值得注意的是，這九卦的次序，與通行本《周易》六十四卦的排列相同，由履到巽，依次是第十，十五，二十四，三十二，四十一，四十二，四十七，四十八和五十七卦，這表明《繫辭傳》顯然是以通行本《周易》（而不是帛書《周易》）為對象創作的。同時，順序以闡發由修身到治國的德行，是否隱含著作者對《周易》卦序的一些看法呢？如果真是這樣的話，《序卦傳》的寫作也許從這裡得到些啟發呢。

關於三陳九卦，還有一點需要了解。這一段在《繫辭傳》中，與「作易者，其有憂患乎」這句話是連在一起的。作者的意思，是認為《周易》的作者心懷憂患，所以，才十分重視德的修養，並舉出九卦來證明。憂患之意不僅體現在這九卦中，還體現在爻辭之中。《繫辭傳》說：「易之興也，其當殷之末世，周之盛德邪？當文王與紂之事邪？是故其辭危，危者使平，易者使傾。其道甚大，百物不廢，懼以終始，其要無咎，此之謂易之道也。」「其辭」當然指《周易》的卦爻辭而言。因為當此殷周交替之際，所以，作易者內懷憂患之心，表現在卦爻辭上，便是有很多危言。危言的目的是要讓人們警惕，以保平安。反之，平易的言辭則容易讓人們懈怠，而導致傾覆。從這個角度看《繫辭傳》對爻辭的解釋，大都是警戒之語。所以，其選取的爻辭表面上似乎雜亂無章，其實有其內在的主題。

《繫辭傳》集中解釋的爻辭，共有十八條。其中上篇七條，下篇十一條。我們先來看上篇的七條：

(1)鳴鶴在陰，其子和之。我有好爵，吾與爾靡之。子曰：君子居其室，出其言善，則千里之外應之，況其邇者乎！居其室，出其言不善，則千里之外違之，況其邇者乎！言出乎身，加乎民，行發乎邇，見乎遠。言行，君子之樞機，榮辱之主也。言行，君子之所以動天地也，可不慎乎！

(2)同人先號咷而後笑。子曰：君子之道，或出或處，或默或語，二人同心，其利斷金，同心之言，其臭如蘭。

(3)初六藉用白茅，無咎。子曰：苟錯諸地而可矣，藉之用茅，何咎之有！慎之至也。夫茅之為物薄，而用可重也，慎斯術也以往，其無所失矣。

(4)勞謙，君子有終吉。子曰：勞而不伐，有功而不德，厚之至也。語以其功下人者也。德言盛，禮言恭。謙也者，致恭以存其位者也。

(5)亢龍有悔。子曰：貴而無位，高而無民，賢人在下位而無輔，是以動而有悔也。

(6)不出戶庭，無咎。子曰：亂之所生也，則言語以為階。君不密則失臣，臣不密則失君，幾事不密則害成，是以君子慎密而不出也。

(7)子曰：作易者其知盜乎？易曰？負且乘，致寇至。負也者，小人之事也；乘也者，君子之器也。小人而乘君子之器，盜思奪之矣。上慢下暴，盜思伐之矣。慢藏誨盜，冶容誨淫。易曰：負且乘，致寇至，盜之招也。

以上七條爻辭，依序分別見於中孚九二，同人九五，大過初六，謙九三，乾上九，節初九和解九三。從形式上說，基本上是先引爻辭，然後以「子曰」的形式進行解釋。只有最後一條略有變化。「子曰」應該是依托孔子之言，理由後面會提到。從內容上來說，似乎是以謹言慎行為中心。其中有三條直接討論了言行的問題，強調言行的重要性。也有三條提到了「慎」字，即「可不慎乎」，「慎斯術也以往」和「慎密而不出」。沒有提到慎字的，表現的也都是小心謹慎的意思。這個主題，與下篇對爻辭的解釋有類似之處。

《繫辭下》解釋的爻辭共十一條，先抄錄於下：

(1)《易》曰：憧憧往來，朋從爾思。子曰：天下何思何慮，天下同歸而殊途，一致而百慮。天下何思何慮。日往則月來，月往則日來，日月相推而明生焉。寒往則暑來，暑往則寒來，寒暑相推而歲成焉。往者屈也，來者信也，屈信相感而利生焉。尺蠖之屈，以求信也。龍蛇之蟄，以存身也。精義入神，以致用也。利用安身，以崇德也。過此以往，未之或知也。窮神知化，德之盛也。

(2)《易》曰：困於石，據於蒺藜，入於其宮，不見其妻，凶。子曰：非所困而困焉，名必辱；非所據而據焉，身必危。既辱且危，死期將至，妻其可得見乎？

(3)《易》曰：公用射隼於高墉之上，獲之無不利。子曰：隼者禽也，弓矢者器也，射之者人也。君子藏器於身，待時而動，何不利之有，動而不括，是以出而有獲，語成器而動者也。

(4)子曰：小人不恥不仁，不畏不義，不見利不勸，不威不懲。小懲而大誡，此小人之福也。《易》曰：履校滅趾，無咎。此之謂也。

(5)善不積不足以成名，惡不積不足以滅身。小人以小善為無益而弗為也，以小惡為無傷而弗去也。故惡積而不可掩，罪大而不可解。《易》曰：何校滅耳，凶。

(6)子曰：危者，安其位者也；亡者，保其存者也；亂者，有其治者也。是故君子安而不忘危，存而不忘亡，治而不忘亂，是以身安而國家可保也。《易》曰：其亡其亡，繫於苞桑。

(7)德薄而位尊，知小而謀大，力小而任重，鮮不及矣。《易》曰：鼎折足，覆公餗，其形渥，凶。言不勝其任也。

(8)子曰：知幾其神乎，君子上交不讒，下交不瀆，其知幾乎。幾者動之微，吉之先見者也。君子見幾而作，不俟終日。《易》曰：介於石，不終日，貞吉。介如石焉，寧用終日，斷可識矣。君子知微知彰，知柔知剛，萬夫之望。

(9)子曰：顏氏之子，其殆庶幾乎！有不善未嘗不知，知之未嘗復行也。《易》曰：不遠復，無祇悔，元吉。

(10)天地絪縕，萬物化醇；男女構精，萬物化生。《易》曰：三人行則損一人，一人行則得其友，言致一也。

(11)子曰：君子安其身而後動，易其心而後語，定其交而後求。君子修此三者，故全也。危以動，則民不與也；懼以語，則民不應也；無交而求，則民不與也。莫之與，則傷之者至矣。《易》曰：莫益之，或擊之，立心勿恆，凶。

《繫辭下》對這十一條爻辭的解釋，從形式上說，主要有兩種。前面三條是先以「《易》曰」引出爻辭，然後借「子曰」提出解釋；後面八條基本上先以「子曰」提出一個論點（只有兩條沒有「子曰」），然後引「《易》曰」為據。形式的區別是很有意義的。先引「《易》曰」的幾條主要是以爻辭為主，由對文字的詮釋而引出哲理。而先說「子曰」的各條則以其提出的論點為主，然後引爻辭以比附。嚴格地說，只有前面三條可以稱為解釋，後面的諸條則是強加己意於爻辭了。「子曰」中的「子」應該是指孔子，這從第九條中提到「顏氏之子」便可看出，別人是不能使用這樣的口氣稱呼顏回的。但這並不一定是孔子的話，而是後代學易者，也許就是《繫辭傳》作者之一的依托之辭。「《易》曰」後面的爻辭依序分別出於咸卦九四，困卦六三，解卦上六，噬嗑初九，噬嗑上九，否卦九五，鼎卦九四，豫卦六二，復卦初九，損卦六三，益卦上九。若從爻位上分析，居中位的二和五爻總共只有兩例，比重明顯偏低。而且其中否卦九五爻辭並不吉利。這種選擇其實體現了作者的用心，因為他主要是透過對這些爻辭的解釋來表達憂患的主題，而大部分二和五爻的爻辭顯然不能滿足這個要求。

從解釋的方式上說，其特點也是非常明顯的。具有比較價值的有《小象傳》，如對困卦六三爻的解釋，《小象傳》是：

據於蒺藜，乘剛也。入於其宮，不見其妻，不祥也。

《小象傳》解釋爻辭的特點是以爻位為主，六三爻居九二爻之上，所以說「乘剛也」，乘剛則凶。《繫辭傳》則絲毫不論爻位，而是據爻辭以闡發義理。這樣就可以擺脫卦爻象的限制，擁有更大的解釋空間。所以《繫辭傳》對爻辭的解釋，與《小象傳》相比，往往具有更豐富的內涵。而後者由於受爻位說的限制，大部分解釋都很枯燥和呆板。

就義理的方面而言，第一條對咸卦九四爻辭的解釋可以視為綱領，其中重點講往來屈伸的相反相成關係，而歸結為利用安身和窮神知化這種對變化的強調，其主要的目的是警戒性的。所以後面諸條的解釋多充滿警戒之辭，告知人們應小心謹慎從事。如第二條中的「死期將至」，三條中的「君子藏器於身，待時而動」，四條中的「小懲而大誠」，五條中的「惡不積不足以滅身」，六條中的「安而不忘危，存而不忘亡，治而不忘亂」，七條中的「不勝其任」，八條中的「見幾而作，不俟終日」，九條中的「有不善未嘗不知，知之未嘗復行」，十條的「致一」，十一條的「莫之與，則傷之者至矣」，都是危言聳聽和諄諄告誡之辭，發人深省，令人深思。

【註　釋】

❶ 陳說見其所著《易傳與道家思想》，臺灣商務印書館，一九九四年。

❷ 《易學哲學史》，第一卷，華夏出版社，一九九五年，第五十二頁。

❸ 劉大鈞先生曾據此材料說明《繫辭》早於《荀子》，見其《易大傳著作年代再考》，此論文收在黃壽祺、張善文編《周易研究論文集》第一輯，北京師範大學出版社，一九八七年，第四百七十五頁。

❹ 如朱伯崑先生《易學哲學史》，第一卷。

❺ 參見楊慶中先生的有關概括，《二十世紀中國易學史》人民出版社，二〇〇〇年一版，第三百七十一頁。

❻ 參見朱伯崑《易學哲學史》上冊，北京大學出版社，一九八六年版，第五十二頁。

❼ 金景芳《周易全解》，吉林大學出版社，一九八九年，第五百一十一頁。

第五章　《文言傳》

在《易傳》諸篇之中，《文言傳》也是較特殊的一種。它只解釋乾坤兩卦的卦爻辭，而不及其餘的六十二卦。這顯見出作者對乾坤兩卦的格外重視。有些學者認為最初的《文言傳》應該是對六十四卦都解釋了的，後來大部分內容散失了，只剩下對乾坤兩卦的解說，於是才變成現在這個樣子。

但是，這種說法並沒有什麼依據。從《易傳》的結構說，《彖傳》和《象傳》已經對卦爻辭進行了系統的解釋，並沒有再來一遍的必要。而之所以要對乾坤兩卦特別的對待，乃是與它們在整個六十四卦中的特殊地位有關。

關於《文言傳》的得名，學者中間有不同的說法。傳統的意見大抵是把文理解為「文飾」，說「文言」是「文之以言」。如《周易正義》引莊氏說：「乾坤德大，故特為文飾以為《文言》」。

但是，從這個解釋當中看不出《文言》只解釋乾坤兩卦的意思。其實，「文」可能與天地有關。陳鼓應和趙建偉在《周易注譯與研究》中說：

《繫上》一章「天尊地卑，乾坤定矣」，此當為《文言》所本。六十四卦只乾坤有《文言傳》，可知「文」字源出《繫上》「天地之文」，《左傳・昭公二十八年》、《周書・謚法》等也說「經天緯地曰文」。「言」，釋說。對乾坤兩卦（天地）予以釋說，所以稱《文言傳》。❶

但其中對「言」的解釋可以考慮。李鏡池說：

《文言》與《彖》、《象》都是解經之作，但《象》《彖》兼講象位，而《文言》則注重解卦爻辭，這是《文言》與《彖》、《象》二傳之別，亦即《文言》之所以為文言也。❷

這裡實際上就解釋了「言」字的意義，它應該就是指卦爻辭而言。所以「文言」的意思就是乾坤兩卦的卦爻辭，而《文言傳》就是對它的解釋。這種命名的方式與《彖傳》、《象傳》是一致的。

關於《文言傳》的年代，也沒用直接的資料可以論定。從對乾卦爻辭有幾種解釋來看，它肯定也是編輯而成的作品，譬如開始解釋卦辭的部分，與《左傳・襄公九年》所記載的穆姜的話一致。那裡說穆姜一次占筮的時候，遇到了隨卦的卦辭：「元亨利貞，無咎。」於是她解釋說：

元，善之長也。亨，嘉之會也。利，義之和也。貞，事之幹也。體仁足以長人，嘉德足以合禮，利物足以和義，貞固足以幹事。

《文言傳》對乾卦的解釋我們後面會提到。顯然，《左傳》這裡的記載是《文言傳》的素材之一。另外，它在《彖傳》之後也是可以論定的，因為其對乾坤卦辭的說解有明顯發揮《彖傳》文字的痕跡（詳後）。朱伯崑先生還曾指出：《文言傳》中有「同聲相應，同氣相求。水流濕，火就燥。雲從龍，風從虎，聖人作而萬物睹。本乎天者親上，本乎地者親下，則各從其類也。」這一段話，與《呂氏春秋・應同篇》的說法是一致的。而且，前者是受到了後者的影響❸。這樣，《文言傳》的寫作應該是在《呂氏春秋》以後，至少是在戰國末期。

一、乾《文言傳》

乾卦《文言傳》的內容，有明顯雜湊成文的跡象。從結構上說，可以分成四個部分。自「元者善之長也」到「是以動而有悔也」是第一部分，分別解釋了乾卦的卦辭和爻辭。自「潛龍勿用，下也」到「乾元用九，天下治也」，是第二部分，解釋乾卦六爻及用九之辭。自「潛龍勿用，陽氣潛藏」到「乾元用九，乃見天則」，是第三部分，又解釋了一遍乾卦六爻和用九之辭，但是角度有些變化。自「乾元者」到結尾，是最後一部分，又對乾卦卦辭和爻辭進行了解釋，其特點是發揮了《彖傳》和《繫辭傳》的觀點。當然，所謂雜湊並不是說它們在思想上沒有任何系統，從大的方面來說，它們的重點都是義理的發揮，而與占筮無任何的關係。這四個部分，其實可以看作是從四個角度對乾卦義理進行的解釋。

(1)第一個部分，顯然是以德的觀念為核心，強調進德修業。其對乾卦卦辭「元亨利貞」的解說，在《左傳》所記穆姜之言的基礎之上，進一步發展為「四德」。《文言傳》說：

> 元者善之長也，亨者嘉之會也，利者義之和也，貞者事之幹也。君子體仁足以長人，嘉會足以合禮，利物足以和義，貞固足以幹事。君子行此四德者，故曰乾元亨利貞。

這裡所謂的「四德」，是指仁禮義貞而言。其中貞的意思是正固，也可以說就是信。這四德無疑是體現了儒家的觀念。而且，以仁來解釋元，並且說「體仁足以長人」，一方面表現出對仁德的特別重視，另一方面，也表現出此種德行主要是指向政治的。這樣，我們就不難理解稍後「君德」的出現。

第一部分中對六爻爻辭的說明，同樣體現出德的主題。而且它結合爻位和爻辭，把每一爻視為人生的不同境遇，因而也需表現出不同的德行。如其解釋初九爻辭「潛龍勿用」說：

> 潛龍勿用，何謂也？子曰：龍德而隱者也。不易乎世，不成乎名。遯世無悶，不見世而無悶。樂則行之，憂則違之，確乎其不可拔，潛龍也。

就爻辭本來的意義而言，潛龍是說龍的一種存在狀態，是物象。勿用是由此導出的斷辭，指示人們如何行事。《象傳》的解釋只以一句「陽在下也」簡單帶過。但《文言傳》的解釋就豐富和深刻得多。在這裡，龍和德結合起來，潛龍變成了逆境之中一種德行的象徵，一種內懷龍德卻隱遁於世的君子的象徵。他們不為世俗所動，不為名利所勸。隱遁於世，雖不為人知，也不憂悶。他們一直持有這種堅定的信念，而不動搖。《文言傳》發揮的這種思想，與《中庸》有明顯的一致之處。《中庸》說：

君子依乎中庸，遁世不見知而不悔。惟聖者能之。

如果我們把範圍放的更大的話，《文言傳》對乾卦初九爻的解釋可以說是對儒家「隱」的思想的總結。從《論語》中看，孔子雖然對一般的隱士多有批評，但對於「隱」卻經常抱肯定的態度。如其所云：

天下有道則見，無道則隱。邦有道，貧且賤焉，恥也。邦無道，富且貴焉，恥也。

隱的合理性在於外部無道的環境。當此之時，選擇隱是正確的。這樣的做法可以體現出人的獨特志向，所謂「隱居以求其志」。孟子對隱也有與孔子類似的看法，他稱伯夷和叔齊為「聖之隱者也」。當然，在孟子看來，這不是最高的境界。最高的境界是「聖之時者」，它屬於孔子，其表現形式是「可以仕則仕，可以止則止」，也就是「天下有道則見，無道則隱」。

如果說「潛龍勿用」很適合於發揮「無道則隱」的思想的話，九二爻辭「見龍在田」則正好給「有道則見」提供了解釋的素材。《文言傳》說：

> 九二曰：見龍在田，利見大人，何謂也？子曰：龍德而正中者也。庸言之信，庸行之謹。閑邪存其誠，善世而不伐，德博而化。易曰：見龍在田，利見大人，君德也。

這裡的「見」字當然都應該讀為「現」。對於九二說，已經脫離潛的境地，而現於世。同時因為位居下卦的中位，所以有「正中」之說。以下則是正中之德的表現。庸是平常的意思，所謂「庸言之信」，是指平常的言論也要務求做到信。「庸行之謹」，是說平常的行為也應小心謹慎。這兩句話與《中庸》所說「庸德也行，庸言之謹」是類似的。閑邪存其誠，是說要去其邪念，而存其誠心。與初九不同，處在九二位的人要以「見」代替「隱」，所以說「善世」，就是兼善天下之意。做到了這點，還要不居其功，這就是「不伐」。如此，則德行廣被，教化萬民。《文言傳》認為，此時雖然還沒用君位，但已經具備了君德。所以說君德也。

但是，並不能以此為滿足。君子還應不斷地進德修業，這就是《文言傳》解說九三爻和九四爻的主題。它說：

> 九三曰：君子終日乾乾，夕惕若，厲無咎，何謂也？子曰：君子進德修業。忠信所以進德也，修辭立其誠，所以居業也。知至至之，可與言幾也，知終終之，可與存義也。是故居上位而不驕，在下位而不憂，故乾乾因其時而惕，雖危無咎矣。

九四曰：或躍在淵，無咎。何謂也？子曰：上下無常，非為邪也。進退無恆，非離群也。君子進德修業，欲及時也，故無咎。

從爻位上說，九三和九四處在九二和九五之間。九二居下卦之中，有正中之德，九五居上卦之中，兼有正中之位。比較而言，九三和九四的處境比較危險，不上不下，進退兩難。所以，爻辭中原本就有小心試探之義。

《文言傳》更進一步發展出因時而進德修業的主張。其於九三，強調忠信和誠信作為進德與修業的手段。至和終，都有極限之義，因此知至和知終，主要是說要清楚做事的限度。譬如身居上位但不驕傲，身居下位也不憂慮，這樣，即使遇到危險，也不會有災難。於九四，則強調其上進的困難。其中可能很多反覆，但都與及時進德有關，所以也不會有災難。

經過以上不懈的努力，到了九五，君子終於功德圓滿，成為有德且有位的聖人。《文言傳》說：

九五曰：飛龍在天，利見大人，何謂也？子曰：同聲相應，同氣相求。水流濕，火就燥。雲從龍，風從虎，聖人作而萬物睹。本乎天者親上，本乎地者親下，則各從其類也。

這裡的「同聲相應，同氣相求」，是就「飛龍在天」和「大人」而發。飛龍在天，象徵著君子已經登上最高的位置，就是這裡提到的聖人。聖人出現，因此萬物皆照，而無一隱藏，都得到了適當的安頓。

到了上九，處於一卦最上。物極必反，所以爻辭說「亢龍有悔」，《文言傳》解釋道：

> 貴而無位，高而無民，賢人在下位而無輔，是以動而有悔也。

貴而無位是說上九雖貴卻不當位，好比一個處在很高位置的人，卻沒有百姓，也沒有賢人輔佐，這就是通常所說的「孤家寡人」。

(2)第二部分的解釋，從文字上說，非常簡略。其形式也是先引爻辭，後面進行說明。不過，與第一部分全面稱引不同，它是將爻辭都歸約為四個字，這與《小象傳》類似。尤其值得注意的是，它們的概括完全相同。這種情形也許不完全是巧合，《文言傳》在這裡可能受到了《象傳》的影響。從內容上說，其特點是完全著眼於人事。我們先把這部分的文字寫在下面：

> 潛龍勿用，下也。
> 見龍在田，時舍也。
> 終日乾乾，行事也。
> 或躍在淵，自試也。
> 飛龍在天，上治也。
> 亢龍有悔，窮之災也。

乾元用九，天下治也。

這主要是在爻位的基礎之上，把各爻看做是表現了行事的不同狀態。而且從下到上，也可以視為一個有連續性的過程。乾元用九，是對整個六爻的概括，意思是說，懂得了六爻中的道理，就能夠達到天下大治的效果。

(3)從形式上說，第三部分與第二部分有類似之處，即都是引用四字的爻辭，然後加以解說。但其重心則是發揮乾道或者天則。其云：

潛龍勿用，陽氣潛藏。
見龍在田，天下文明。
終日乾乾，與時偕行。
或躍在淵，乾道乃革。
飛龍在天，乃位乎天德。
亢龍有悔，與時偕極。
乾元用九，乃見天則。

《彖傳》在解釋乾卦的時候，曾經有「大明終始，六位時成，時乘六龍以御天」的說法。所謂「大明」，指太陽。這是從天道的角度進行解釋，以乾卦六爻象徵了太陽東升西降的過程。上引《文言傳》的說法與此類似。龍雖然沒有說成是太陽，卻被解釋為陽氣，所以潛龍被看做是陽氣潛藏。乾卦六爻從下而上也就代表了陽氣由潛藏到顯現，由發展壯大到與時偕極的過程。

一般而言，這被認為是體現了一年四季的變替。這是一個物極必反同時也是周而復始的過程。從這個過程中，《文言傳》認為可以看到天道的變化法則即天則。

⑷第四部分從形式上說，與第一部分有相似之處。它們都系統而詳細地解說了乾卦的卦辭和爻辭。即便在內容上，二者也有共同點。譬如都突出了德的觀念。但其特點也很明顯，在解釋卦辭的部分重點論述天道，而爻辭的部分則突出君子德性的修養，一直到聖人的境界，實現與天的合一。我們先來看其對卦辭的解釋：

> 乾元者，始而亨者也。利貞者，性情也。乾始能以美利利天下，不言所利，大矣哉。大哉乾乎，剛健中正，純粹精也。六爻發揮，旁通情也。時乘六龍，以御天也。雲行雨施，天下平也。

「元」是一個非常具有解釋價值的詞。在第一部分中，「元」被解釋為「善之長也」，與仁相當。這裡，則突出了其「始」的意義。也許我們可以想到《春秋》中的「元」字，在《公羊》和《穀梁》二傳中，它的意義也被大肆渲染。如《公羊傳》說：

> 元年者，始年也。

不知道是誰最早發現了「元」的價值。但就《文言傳》此處說，應是受了《彖傳》的影響。《彖傳》「大哉乾元，萬物資始，乃統天」的話，一方面將「乾元」連稱，另一方面突出其「始」的含義，正是《文言傳》所本。

看該段後面的文字，更明顯是在發揮《彖傳》。但是，與《彖傳》不同，也與第一部分不同，《文言傳》對「元亨利貞」的解釋有其獨特之處。簡單說，它是把乾元看作本原性的東西，而把利貞看作是它的性質，即所謂「性情」。性與情在先秦哲學中就是重要的範疇，二者連稱，出現較晚。

以利貞為性情，其具體的意義後文有詳細說明。所謂「利」，是說「乾始能以美利利天下，不言所利，大矣哉」。乾始，與乾元同義。美含有善的意思，這裡解釋的是「貞」。利天下，而非為一身，所以稱大。這是對乾元性質的說明。

乾既能始，又美又利，這都源於它純粹精的特點。純粹，從卦象上說，是全部由六個性質相同的爻組成，精，是指陽爻。因為如此，它可以剛健中正，並通過六爻，將這個特點全面展現出來。

如果說對卦辭的說明主要是贊美乾元和天道的話，那麼，這部分對爻辭的解釋則是對以德為中心的人道特別是君道的闡發。它的解釋與第一部分相比，在形式上就有不同。它是將爻辭融入到議論之中，而發揮哲理。如其說初九爻辭云：

> 君子以成德為行，日可見之行也。潛之為言也，隱而未見，行而未成，是以君子弗用也。

前面的兩句與爻辭沒有一點文字上的關聯。稍後才提到潛和弗用。這種形式可以化經文（要解釋的文字）於無形之中，也有利於發揮自己的思想。就初九而言，《文言傳》強調君子日常的行為應該是德的表現，而若德未成之時，則當隱而弗用。與第一部分相比，那裡強調外在環境，而這裡突出君子內在的道德狀態，突出了君子「德」的重要性。其論九二云：

君子學以聚之，問以辨之，寬以居之，仁以行之。易曰：見龍在田，利見大人，君德也。

這是講君子成德的方法。學和問是屬於知的，寬和仁是屬於行的。兩方面一齊努力，就可以達到君德。這段話前面與《中庸》所說「博學之，審問之，慎思之，明辨之，篤行之」略同。後面則與第一部分論九二爻的文字類似，二者在引用爻辭之後，都以之為君德。若結合二者論九三爻也有相似的文字（「故乾乾因其時而惕，雖危無咎矣」）看，它們之間很可能有前後影響的關係。其論九三和九四云：

九三重剛而不中，上不在天，下不在田，故乾乾因其時而惕，雖危無咎矣。

九四重剛而不中，上不在天，下不在田，中不在人，故或之。或之者，疑之也，故無咎。

九三和九四有很多共同點。

一是「重剛而不中」。不中好理解，就是不居中位，關於重剛主要有兩種說法：一種是以陽爻居陽位為重剛，另一種是以其上下爻都是陽爻，所以稱重剛。依照前一種說法，不能說明九四為什麼也稱重剛，所以，就要以這裡的重字為衍文。比較起來，後一種說法更合理一些。

二是「上不在天，下不在田」。天指五爻，田指二爻，這從爻辭中就可以看出。若從《繫辭傳》和《說卦傳》提及的三才之道來看，初和二爻為地，三和四爻為人，五和上爻為天，則三和四爻居於人位，也是上不在天，下不在田（地）。不過，對九四爻的解釋中還多出一句「中不在人」，似乎與上述的說法有些矛盾。也許在天地人之位中，也有一個為主的爻。如地以二爻為主，天以五爻為主，人以三爻為主。

三是無咎。二爻雖不居中位，身處險地，但依靠人為的努力，如惕和疑等，可得無咎。這種人為的努力其實也是一個德性積累和鍛鍊的過程。經過了這樣的過程之後，就達到了一個新的境界，聖人的境界。其釋九五爻說：

夫大人者，與天地合其德，與日月合其明，與四時合其序，與鬼神合其吉凶。先天而天弗違，後天而奉天時。天且弗違，而況於人乎！況於鬼神乎！

一句「飛龍在天，利見大人」，足以讓作者發揮出如此精妙的哲理。九五位居上卦之中，處於天位，象徵大人在位。但《文言傳》的發揮更強調了大人之德的方面。大人之德是配天地的，是合日月、四時和鬼神的。他已經與天結合為一體，所以，無論先天而行，還是後天而動，都與天相合。具備了這樣的德性，那麼，百姓和鬼神都不違背聖人的意願。就如同「乾元」一樣，收到「雲行雨施，天下平也」的效果。

其後對上九的解釋，同樣精妙。它說：

亢之為言也，知進而不知退，知存而不知亡，知得而不知喪。其惟聖人乎，知進退存亡而不失其正者，其惟聖人乎！

這段話與《繫辭傳》中解釋「亢龍有悔」的話完全相似，其間有承繼的關係應該是可以肯定的。從《文言傳》的雜湊性質，以及它多受《彖傳》、《象傳》等影響推斷，它採自於《繫辭傳》的可能性要更大一些。上九居乾卦最上，故爻辭以亢龍為喻，動則有悔。《文言傳》則把「亢」看做是只知道進而不知道退，只知道存而不知道亡，只知道得而不知道失的人的象徵。這種人不了解天的法則，所以，動則有悔。而聖人因為與天地合德，所以，可以把握住進退存亡的時機。

以上我們對乾卦《文言傳》的內容分四個部分進行了介紹。如前所說，這可以看成是四個不同的角度。《文言傳》並存這樣四種解釋，似乎是在提醒著解釋的多種可能性。在這個意義上，有人說這是給後人讀《周易》做的一個示範，也不無道理。

另外，這四種解釋之間的共同性也是值得注意的。除了我們前面提到的義理性之外，有些細節上的一致更需體味。譬如對君子和聖人概念的使用非常嚴格。在第一和第四部分中，君子用來解說初九到九四各爻，聖人則在九五爻中使用。一般說，君子主要偏於德性的方面，而聖人除此之外，還是有位者。兩部分解釋九二爻時都提到了「君德」一詞，這給人們一個深刻的印象，《文言傳》對乾卦的解說實際上是以君德和君道為其核心的。如果把這與其對坤卦的解釋對觀，這種印象會更加明顯。

二、坤《文言傳》

與乾《文言傳》相比，坤《文言傳》的結構要簡單的多。它只包括對坤卦卦辭和爻辭的一次解釋，而且從文體和內容上看，它與乾《文言傳》的第四部分有對應的關係，可能出於同一個作者。至於為什麼《文言傳》對坤卦的解釋沒有乾卦那樣複雜，實在是一個很難說明的問題。如果立足於它是編纂而成的作品的話，那麼，只能推測當時收集不到關於坤卦的更多素材，所以，只好簡單了事了。

我們先來看其對坤卦辭的解釋。它說：

坤至柔而動也剛，至靜而德方，後得主而有常，含萬物而化光。坤道其順乎，承天而時行。

這段話可以說無一字無著落，而且都源於《彖傳》。這與乾《文言傳》第四部分有類似之處。如《彖傳》對乾坤的稱呼，是「大哉乾元」，「至哉坤元」，「大」與「至」意本無區別，只是互文見義。但《文言傳》對這稱呼也是嚴格沿襲，於乾稱「大哉乾乎」，於坤則稱「至柔」、「至靜」，從這些地方，可以看出作者用心的仔細。「後得主而有常」句本於「先迷失道，後順得常」，「含萬物而化光」本於「坤厚載物，德合無疆。含弘光大，品物咸亨」。「坤道其順乎，承天而時行」本於「至哉坤元，萬物資生，乃順承天」。

從義理的角度來說，這裡把坤規定為至柔至靜之物，乃是從本性上而言的。這與乾元的剛健中正本性正成鮮明的對比。但是，坤也可以動，也可以剛，當然必須以柔靜為基礎。柔靜之表現於德性上，就是順承。所謂「坤道其順乎，承天而時行」，正是對坤德性的總概括，也是卦辭解釋的重心所在。坤道的提法見於《繫辭傳》「乾道成男，坤道成女」。相比而言，《文言傳》裡的坤道概念似乎具有更普遍的意義。這個意義便在於它要為人類社會中處於陰柔角色的人們如臣如妻等提供行為的依據。這一點我們在其對爻辭的解釋中會進一步看到。

坤《文言傳》解釋爻辭的特點是，以坤道「順」為中心，切近人事，發揮德義的方面。其說初六爻云：

> 積善之家必有餘慶，積不善之家必有餘殃。臣弒其君，子弒其父，非一朝一夕之故，其所由來者漸矣，由辨之不早辨也。易曰：履霜堅冰至，蓋言順也。

這段話的要害無疑是一個「順」字。但如何解釋這段話的內容，卻是一個問題。我以為它的核心應是落在君臣父子之上，而其主體則是臣子。積善之家與積不善之家，乃是就臣子而言，所謂善和不善，對於君和臣來說是不同的。譬如君的善是剛健，臣的善是柔順。因此，積善之家就是謹守君臣父子之道的人，積不善之家則正好相反。臣子從小事的不順從開始，漸漸就可以發展到弒父弒君的地步。《文言傳》說，這是「由辨之不早辨也」，即沒有從小的時候，從開始的時候就謹防。最後引《易》曰「履霜堅冰至」，就爻辭的本意而言，是說腳底下踩到了霜，距離堅冰的日子就不遠了。而這裡引申出的，就是臣子當謹小慎微，嚴守順的規矩。

至於如何做到順，則是後面解說中發揮的內容。其說六二爻云：

> 直其正也，方其義也。君子敬以直內，義以方外。敬義立而德不孤。直方大，不習無不利，則不疑其所行也。

爻辭中的「直方大」，都被解釋為德性。直是正，講的是內心，這要靠敬來保證；方是義，講的是外形，這要靠義（禮）來約束。確立了敬和義之後，君子的德性就「不孤」。「德不孤」是《論語》中的話，後面緊接著是「必有鄰」，這是解釋「大」字的。如此則「不疑其所行也」，顯然，「不疑」是說明「不習」的。誰不疑呢？應該是君主。臣子能夠做到敬義立，就不會被君主懷疑了。此德表現在行事的方面，便是功成而弗居。這就是《文言傳》解說六三爻的內容了，它說：

> 陰雖有美，含之，以從王事，弗敢成也。地道也，妻道也，臣道也。地道無成而代有終也。

這是進一步說明順的意義。「陰」明顯是解說陰爻的，與乾《文言傳》中的「陽」相對。但這裡的陰是作為一個「類」概念而出現的，指處在陰位的人，如臣如妻等，而特別指臣。所以後文說「從王事」。這種人，雖然有美才，也要含而不露，內斂而不外露，就像大地含萬物一樣。具體到為君主做事之時，則不敢以成功自居。《文言傳》認為，這就是地道、妻道、臣道。顯然，這是把地、妻、臣都視為陰的一類，他們應該遵循同樣的法則，即柔順。具體說，是「無成而代有終」。無成是成功而不居，代有終是代別人而完成。這個別人相對於臣說就是王，相對於地說就是天，相對於妻說就是夫。也就是說，成功是別人的，而不是自己的，這是陰應該守的規矩。這個規矩表現在做事態度上，就是「謹」。《文言傳》釋六四爻辭說：

天地變化，草木蕃，天地閉，賢人隱。易曰：括囊，無咎無譽。蓋言謹也。

這條爻辭曾被荀子引到過，被視為「腐儒」的象徵（見《荀子・非相》），顯然具有貶義性。但在《文言傳》這裡，則被看做是臣子應該遵循的「謹」道。天地變化，草木蕃，比喻天下大治之時，賢人得行其志；天地閉，賢人隱，是說逢遇亂世之時，賢人應該隱遁。括囊，本意為束緊口袋，這裡是說賢人隱遁，抱持謹慎的態度。如此，雖然無譽，卻也無咎。

在坤卦諸爻中，六五爻以柔居上卦中位，是最重要的一爻。《文言傳》對此爻也最為推崇。它說：

君子黃中通理，正位居體，美在其中，而暢於四支，發於事業，美之至也。

與乾卦五爻稱聖人不同，這裡的五爻仍稱君子，以表示其臣子的身分。該條爻辭本極簡單，只有四個字「黃裳，元吉」。《文言傳》在「黃裳」二字上做文章，以黃為內，裳為外。內即內心，外即四肢。黃是地的顏色，象徵君子內懷地的柔順之德，所謂「黃中通理，正位居體，美在其中」是也。然後表現於外，便是「暢於四支，發於事業」，達到「美之至也」的境地。坤六五爻可以說是臣子進德修業的模範，是臣子所能達到的極境，足以與乾九五爻的聖人相配合了。

然而，如果臣子在達到事業的頂峰後，志得意滿，不行柔順的話，那就必然為君主猜疑。坤卦上六的爻辭是「龍戰於野，其血玄黃」，《文言傳》解說道：

陰疑於陽必戰，為其嫌於無陽也，故稱龍焉。猶未離其類也，故稱血焉。夫玄黃者，天地之雜也。天玄而地黃。

這裡所說是警戒之辭。疑，有人說是「擬」字，是比擬的意思。這樣，「陰疑於陽」就是陰自比擬於陽。但從其解說六二爻時曾使用「疑」字看，直接解釋為疑也是可以的。陰為陽猜疑，一定發生衝突。爻辭中稱「龍」是要表明是陽與陰戰鬥，龍是陽的象徵。而戰鬥的結果是兩敗俱傷。這從血的顏色是天地之雜就可以看出。《文言傳》這裡的寓意是很明顯的，即作為臣子的應謹守臣道，不應犯上作亂。

總結坤《文言傳》的內容，可以說是以臣道為中心，發揮順的觀念。再從這裡回頭看乾卦的解釋，就越發像是君道的闡發了。乾《文言傳》中，雖然沒有明確提到天道也，夫道也，君道也，但其中的意思多是這方面的，卻是無疑的。

朱熹在《周易本義》中解說乾《文言傳》的時候曾說：「龍德，聖人之德也。在下故隱，易謂變其所守。大抵乾卦六爻，《文言》皆以聖人明之，有隱顯而無淺深也。」聖人之德，一定時候也就是君主之德。所以，《文言傳》屢次以「君德」稱之。由此觀之，《文言傳》對乾坤兩卦的解說，在一定意義上說，乃是把作者（或編者）對君臣之道的看法融入其中。這正是《文言傳》的特色所在。

從這個角度理解，它絕對是一篇完整的文獻，而不會是殘篇斷簡。

乾坤兩卦的區別，這是任何一篇解易的作品都會注意到的。比較而言，《彖傳》更突出「天施地生」的宇宙論，《象傳》偏重於德性的修養，《繫辭傳》主要從陰陽剛柔的角度來探討。它們都沒有從君臣關係的角度，把乾坤兩卦看做是對倫理——政治秩序的說明。

《文言傳》正好作到了這一點。而且，它的闡發，若與孟子荀子等的君臣學說相比，有其獨特的內涵。孟子對於君臣關係，曾有如下的一段說明：

> 君之視臣如手足，則臣視君如腹心；君之視臣如犬馬，則臣視君如路人；君之視臣如土芥，則臣視君如寇仇。（《孟子》）

照這裡所說，君臣之間是相對的關係。臣對君的態度依君對臣的態度而定。《文言傳》所說臣道為順，在孟子這裡是看不到的。他認為順是妾婦之道，非大丈夫所為。《孟子・滕文公篇》說：

> 以順為正者，妾婦之道也。居天下之廣居，立天下之正位，行天下之大道。得

志，與民由之；不得志，獨行其道。富貴不能淫，貧賤不能移，威武不能屈。此之謂大丈夫。

顯然，孟子的態度與《文言傳》有相當的距離。與孟子相比，《文言傳》充滿著強烈的尊君卑臣意味。

荀子對於君臣之道有專門的論述。其書有《君道》和《臣道》兩篇，《君道篇》說：

請問為人君？曰：以禮分施，均遍而不偏。請問為人臣？曰：以禮待君，忠順而不懈。

君應無偏無私，臣則應以忠心順事君。荀子的順當然不是無條件的，在《臣道篇》中，他也區分了臣子對待不同類型君主的態度。如對待聖君，是有聽從，無諫爭；對待中君，是有諫爭，無諂諛；對待暴君，是有補削，無撟拂等。而迫不得已之時，臣子也可效法湯武革命之舉。荀子說：

奪然後義，殺然後仁，上下易位然後貞，功參天地，澤被生民，夫是之謂權險之平，湯武是也。

可見，臣之順君並非絕對的要求。比較起來，《文言傳》似乎過分強調了臣子順從的一面，這一方面與卦象特殊的結構有關，另一方面，也可能與作者所處的時代有關。

【註　釋】

❶《周易注譯與研究》，臺灣商務印書館，一九九九年，第十七頁。

❷《周易探源》，中華書局，一九七八年，第三百一十六頁。

❸《易學哲學史》，上冊，北京大學出版社，一九八六年，第四十五頁。

第六章　《說卦傳》

從名義上來講，《說卦》的意思是指對卦的解說。「說」本身也是一種寫作的體裁，若與「經」相對的話，就具有與「傳」或「解」類似的意思。典型的如先秦的《墨子》中有「經」，也有「經說」。

到西漢時，很多作品都有「說」，像《老子傳氏經說》、劉向《說老子》等。《說卦》中的「說」應該與它們類似。就卦而言，在《周易》中可以區分為八卦和六十四卦兩種，《說卦》對此都涉及到，但由於八卦乃「經卦」，是六十四「別卦」的基礎，所以，對八卦的解說占了主要的篇幅。

一、《說卦傳》的寫作年代

關於《說卦傳》的作者和成書年代，傳統上都相信是出於孔子，然而從各方面看，它的完成應是在戰國時期，或者更晚。朱伯崑先生在《易學哲學史》曾說：

其中（指《說卦》——引者注）有『和順於道德而理於義』，『順性命之理』

句，道德、性命連稱，亦是戰國後期的作品。❶

另外，如該篇中的「八卦方位說」以八卦和四時五行相配合，明顯受到了戰國後期陽陽五行學說的影響（詳後），可見它的作成絕不會太早。

當然，這樣說並不否認其中相當一部分內容有很早的來源。在考慮《說卦傳》成書的問題時，有兩個方面是值得充分重視的。這兩個方面都與考古發現有關，一是汲冢竹書，一是馬王堆漢墓帛書。汲冢竹書發現於西晉太康年間，當時汲郡有人盜發戰國中期魏襄王（公元前三一八—前二九六）的墓，發現了大批竹簡，其中有《周易》等書。《晉書・束晰傳》說：

> 其《易經》二篇，與《周易》上下經同。《易繇陰陽卦》二篇，與《周易》略同，繇辭則異。《卦下易經》一篇，似《說卦》而異。

可見類似於《說卦》的文獻至少在戰國中期已經存在了。汲冢竹書與《周易》有關的材料，基本上是占筮性質的。從這點來推測，《說卦》與占筮的關係也應是很密切的。不過，《說卦》與之類似的部分可能只是論說八卦取象的內容，而其義理性的文字，應該是有另外的來源。

二十世紀七〇年代，在湖南長沙馬王堆漢墓中曾發現了大批帛書。其中有《周易》和多種解易文獻。帛書《周易》與通行本的區別主要表現在卦序方面，卦爻辭略同。在解易文獻中，與《說卦》有關的主要是被題名為《易之義》的一篇。在該篇中，有如下的一段文字：

……贊於神明而生占也，參天兩地而義數也，觀變於陰陽而立卦也，發揮於「剛」柔而「生爻也，和順於道德」而理於義也，窮理盡性而至於命……理也，是故位（立）天之道曰陰與陽，位（立）地之道曰柔與剛，位（立）人之道曰仁與義。兼三財（才）兩之，六畫而成卦。分陰分陽，「迭用柔剛，故」易六畫而為章也。天地定立（位），「山澤通氣」，火水相射，雷風相薄。八卦相錯。數往者順，知來者逆，古易達數也。❷

這段文字基本上見於《說卦》，並位居該篇之首。以前就曾有學者指出過，《說卦》篇首的這幾段話與後面的文字並不一致。因為後面解說的是三畫卦的卦象，而前面講的卻是與六畫卦有關的一些道理。現在這段話見於帛書《易之義》篇，表明它原本與後面的部分並不是一個整體，只是後來有人作《說卦傳》的時候，才將它們合併並到一起的。

帛書《易之義》等篇的年代，學者間的看法並不一致。其為漢初作品的可能性是很大的。果真如此的話，《說卦》的最後定型，應該在漢初以後。也就是說，先秦時或許有類似於《說卦》的材料，但它變成通行本的樣子，則經歷了一個較長的過程。

二、《說卦傳》的內容

《說卦傳》的內容，若從大的方面著眼，主要可以分成兩個部分。前一部分主要說明六畫卦的形成和意義，文字較為簡略。後一部分則論述八卦各方面的意義，基本是以取象為主，包含多方面的內容。以下我們分別進行敘述。

㈠、六畫卦的形成和意義

《周易》六十四卦的每一卦都由六畫組成，從邏輯上來說，這是三畫的八卦兩兩相重的必然結果。但在具體的占筮行為中，每一個六畫的卦象則是通過四營十八變的揲蓍過程，循著由初到上的順序逐漸完成的。關於這一過程的詳細討論可以參見《繫辭傳》論大衍之數的章節。

《說卦傳》在此基礎之上，進行了如下的概括：

> 昔者聖人之作易也，幽贊於神明而生蓍，參天兩地而倚數，觀變於陰陽而立卦，發揮於剛柔而生爻，和順於道德而理於義，窮理盡性以至於命。

這一段話雖然簡練，卻涉及到了許多問題。首先是作易的順序，是由蓍而數，再由卦而爻。蓍指的是蓍草，這是占筮用的材料，《繫辭傳》稱其為「神物」，所以這裡說

「幽贊於神明而生蓍」。蓍之後是數，《周易》整個揲蓍過程如分二、掛一、揲四、歸奇都與數字有關，最後得到的六、七、八、九「四象」也是數字。《說卦傳》這裡提到「參天兩地」的概念，歷史上解釋不一。大體可以分為兩種傾向。一種是把參兩看作數目字，如朱熹在《周易本義》中說：「天圓地方。圓者一而圍三，三各一奇，故參天而為三。方者一而圍四，四合二偶，故兩地而為二。」另一種是不以參兩為數字，而解釋作「參互」、「度量」，指綜合衡量天數和地數。數之後是卦，數有奇偶，奇為陽，偶為陰，在占筮過程中，三變以後的結果是奇數，就畫一個陽爻，是偶數，就畫一個陰爻。如此畫六次，便成一卦。這就叫「觀變於陰陽而立卦」。《說卦傳》此處由數立象的說法與《繫辭傳》的下述說法是一致的：

> 參伍以變，錯綜其數。通其變，遂成天地之文。極其數，遂定天下之象。

而比較起來，《說卦傳》的文字更具概括性。有了卦之後，就有了爻。《易傳》中非常強調爻是指六畫卦的卦畫而言，單純的卦畫或者三畫卦的卦畫都不能叫做爻。如《繫辭傳》所說「八卦成列，象在其中矣。因而重之，爻在其中矣」，就是這個意思。《說卦傳》在卦之後講爻，也是這個意思。爻有剛柔的區分，已見《彖傳》、《象傳》和《繫辭傳》，所以這裡說「發揮於剛柔而生爻」。

說明了卦爻的形成過程之後，《說卦傳》進一步發揮卦象的義理性內涵。它說「和順於道德而理於義，窮理盡性以至於命」。這裡一下子出現了道、德、理、義、性、命六個概念。前句話是說《周易》的卦象與道德和義是一致的，後一句話則說從卦象中，人們可以窮事物之理，盡人物之性，並最後認識天命。理的概念在《易傳》中並不多見，性與天命的關係，以《孟子》和《中庸》論述的最為明確。《說卦傳》這段話與《孟子》、《中庸》是接近的。卦象中包含的道德理義性命等內容，在緊接著的下一章中有具體的說明。《說卦傳》稱：

> 昔者聖人之作《易》也，將以順性命之理。是以立天之道，曰陰與陽；立地之道，曰柔與剛；立人之道，曰仁與義。兼三才而兩之，故《易》六畫而成卦；分陰分陽，迭用柔剛，故《易》六位而成章。

這是說《周易》六畫分別代表天地人三才之道。因為三才之道各由對立的兩個方面組成，如天道是陰與陽，地道是柔與剛，人道是仁與義，所以，用來表示每一才的爻也是兩個。於是，兼三才而兩之，故《易》六畫而成卦。

這是解釋一卦為什麼有六爻。這六畫從下而上構成了六位，六位又有陰陽之分，具體說，初、三、五為陽，二、四、上為陰，此即「分陰分陽」。奇偶二畫錯綜分布於此六位之中，組成不同的卦象，此即「迭用柔剛」。其以陰陽為天道的內容，與《繫辭傳》「一陰一陽之謂道」相同，以剛柔為地道，之前並無類似的說法，應屬於《說卦傳》的發明，至於以仁義為人道，則與孟子的主張一致。

《繫辭》中有一段話與這裡是非常類似的，其云：

《易》之為書也，廣大悉備，有天道焉，有人道焉，有地道焉，兼三才而兩之，故六。六者非它也，三才之道也。

與《說卦》相比，區別主要有兩點，一是這裡並沒有提及三才之道的內容，二是敘述三才的順序不同，《說卦》中是天、地、人，而《繫辭》中是天、人、地。在一般的情境中，以天地人為序是正常的，而《繫辭》之所以提出天、人、地的順序，與《周易》的特殊性有關。《易傳》根據人生天地之中的事實，認為在六爻中，上、五爻代表天，三、四爻代表人，二、初爻代表地，由上而下，正是天、人、地。這與《文言傳》的說法似乎基本類似，《乾文言》說：

九三重剛而不中，上不在天，下不在田。故乾乾因其時而惕，雖危無咎矣。九四重剛而不中，上不在天，下不在田，中不在人，故或之。或之者，疑之也，故無咎。

此處提及天、田和人，可以看作是三才的變稱。乾卦九二爻辭有「見龍在田」之語，所以，這裡以田來指稱地。

但稍有不同的是，依照《繫辭》和《說卦》的說法，三、四爻應該是人位，可是這裡說九四「中不在人」，固然與爻辭「或躍在淵」呼應，但與《繫辭》和《說卦》的說法是不一樣的。學者對此曾有一些解釋，可以參看。

二、八卦方位說

就對《周易》的解釋來說，陰陽的觀念較早就被引進了。它們首先出現於《彖傳》和《象傳》之中，並且在《繫辭傳》之後逐漸成為易學的核心觀念。所以《莊子・天下篇》會有「易以道陰陽」的說法。比較而言，五行的學說進入到易學中，就晚了很多。《繫辭傳》中談論「天數五，地數五」的那段，似乎有些五行的氣息，但總不是很明顯。到了《說卦傳》中，五行說已經和八卦合為了一體，這集中體現在八卦方位說中。《說卦》稱：

帝出乎震，齊乎巽，相見乎離，致役乎坤，說言乎兌，戰乎乾，勞乎坎，成言乎艮。萬物出乎震，震，東方也。齊乎巽，巽，東南也。齊也者，言萬物之潔齊也。離也者，明也，萬物皆相見，南方之卦也；聖人南面而聽天下，向明而治，蓋取諸此也。坤也者，地也，萬物皆致養焉，故曰致役乎坤。兌，正秋也，萬物之所說也，故曰說言乎兌。戰乎乾，乾，西北之卦也，言陰陽相薄也。坎者，水也，正北方之卦也；勞卦也，萬物之所也，故曰勞乎坎。艮，東北之卦也，萬物之所成終而所成始也，故曰成言乎艮。

雖然並不是每一卦提到了時間和方位，但這裡明顯將八卦與四時和八方進行了搭配。八卦與四時的關係是：震為春，離為夏，兌為秋，坎為冬。其與八方的關係是：震為東方，巽為東南，離為南，坤為西南，兌為西，乾為西北，坎為北，艮為東北。將四時與八方進行搭配，較早見於《管子・四時》、《禮記・月令》和《呂氏春秋・十二記》中。而將八卦與之配合，只能是更晚。但也不會晚於馬王堆帛書《要》篇。讓我們看一下《要》的一段文字：

> 易……有四時之變焉，不可以萬物盡稱也，故為之以八卦。

這是認為八卦可以表現四時之變。很顯然，在《要》之前，肯定已經有了以八卦配四時的想法。從現存文獻來說，它只見於《說卦》中。

如上所述，《說卦》對八卦與四時配合的意義時行了解釋。值得注意的是艮卦，從方位上講，艮卦居東北，它被說成是「萬物之所成終而所成始也」。即是說，它既是萬物之完成，又是萬物新的開始。聯想起帛書《易之義》中「歲之義，始於東北，成於西南」的話，可知這種解釋與人們對歲的理解是一致的。而《說卦》正是以八卦與歲來相配。從次序上來講，作為開始的震卦與作為結束的艮卦意義正好相反，震為動，而艮為止。一動一靜之間，象徵著新與舊的交替。

後人看到《說卦》以艮為「萬物之所成終而所成始也」，便以為該篇最重視艮卦，加上有《連山》首艮之說，於是認為《說卦》該段與《連山》有關是不對的。八卦從震開始敘述，主要取其動的意義，故云出乎震。

《說卦傳》的上述解釋有其繁瑣之處，它似乎在故意掩蓋其真正的意圖。事實上，八卦與四時八方之所以如此配合，除了上述的解釋外，其另一個主要的依據應該是五行的學說。依照在戰國中後期已經流行的五行與四時配合的圖式，木居東方，火居南方，金居西方，水居北方，這是固定的。至於土的位置，則有不同的說法，或說居中央，或說居於火和金之間。

關於八卦與五行的關係，《說卦傳》中就有說明，現整理於下：

乾為金
坤為地（即土）
巽為木
坎為水
離為火

不難發現，八卦與四方的搭配與其五行的屬性基本是一致的。在這個方位圖中，乾居西北，坤居西南是最令人費思量的地方，但透過五行的學說，就可以得到方便的說明。乾為金，金屬西方，所以居西北。坤為土，土處火與金之間，所以居西南。

有趣的是，《說卦傳》這裡的八卦方位說，竟然與經文中涉及到的方位完全相合。高明曾指出這一點。他說：

坤卦卦辭云：西南得朋，東北喪朋。西南坤位，故云得朋，東北反之，故云喪朋。蹇卦卦辭云：利西南，不利東北。西南坤位，地也，東北艮位，山也。以蹇難

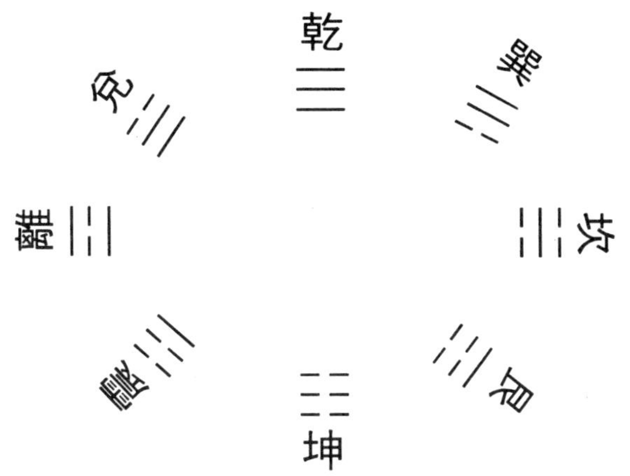

八卦與生態同期圖

之平地則難解，以蹇難之山岳則道窮。解卦卦辭亦云：利西南。蹇難既解，物情舒緩，自以平地為利也。升卦卦辭云：南徵吉。南方離位，離為明，升而適離明之地則吉也。卦辭之涉及方位者，雖僅數卦，然均與《說卦傳》合。可見《說卦傳》言方位之象，亦非無所本。❸

這裡應該討論的一個問題是《說卦》中是否有兩個八卦圖，或者說有兩個八卦的次序。如上所述，從帝出乎震開始，到成言乎艮為止，無疑可以畫出一個八卦圖，這就是後來被邵雍稱為文王或後天八卦圖的東西。邵雍還認為，在《說卦》中，還有另外樣子的八卦圖，即伏羲或先天八卦圖。這就是「天地定位」章所說者，該章云：

> 天地定位，山澤通氣，雷風相薄，水火不相射，八卦相錯。

邵雍認為，「天地定位」是說天在上，地在

下，從方位上講，就是天南地北。其他三句話是說艮兌、震巽、坎離分別處在相對的位置上。如前頁圖所示：

此說法為朱熹所接受，具有很大的影響。當今學者中也頗多承認此說者。問題是，這一章是否在講八卦的次序，如果是的話，這裡的次序與「帝出乎震」章是否不同呢？在易學史上，相當一部分學者並不以「天地定位」章表達了八卦方位的思想。實際上，如《說卦傳》自己反覆強調的，這裡涉及的主要是八卦的次序，即順逆的問題。它說：

> 天地定位，山澤通氣，雷風相薄，水火不相射，八卦相錯。數往者順，知來者逆，是故易逆數也。
>
> 雷以動之，風以散之，雨以潤之，日以烜之，艮以止之，兌以悅之，乾以君之，坤以藏之。

從「天地定位」到「是故易逆數也」這段話，曾經出現在馬王堆漢墓帛書的《易之義》中，但略有一些差異，那裡說：

> 天地定位，山澤通氣，火水相射，雷風相薄。

可以看出，主要的差別是水火與雷風顛倒了次序，另外《說卦傳》的「水火不相射」到這裡變成了「火水相射」。由於「射」一字可以兼有不同甚至相反的含義，所以後一個差別並沒有很大的意義。但前一個差別是重要的，因為它涉及到次序的問題，而這一段話的內容正與次序有關。

從文獻版本的角度來說，《易之義》發現於漢初的墓葬中，年代非常之早。另外，如前面曾提及的，《說卦傳》可能是後於《易之義》而編成的，所以《易之義》中記載的次序應該更加原始和準確。另外，它的次序顯然更有意義，我們若將天地等物象置換成八卦卦象的話，它們依次是乾坤、艮兌、坎離和震巽。

從後面會詳細討論的乾坤父母說的角度來看，乾坤為父母，艮兌是少男和少女，坎離是中男和中女，震巽則是長男和長女。可以看出，六子卦的敘述正好是遵循著由少而中而長的次序，也正是「數往者順」的順數次序。而依照《說卦傳》的意見，《周易》因為是預見來事之書，所以，應該採取逆數的方式，於是，它緊接著提出了一個逆數的次序，這就是從「雷以動之」到「坤以藏之」，以震巽開始，次之以坎離、艮兌，而終之以乾坤。

顯然，這裡強調的僅僅是敘述八卦的兩種次序，一種是順數，一種是逆數。要憑借這種次序畫出一個八卦圖，根據並不充分。而且，即便承認「天地定位」章代表著一個圖式，它也未必就與後面「帝出乎震」章所說不一致。我們試為分析一下，天地定位章有「雷風相薄」這句話，「薄」的意思是接近、臨近，在「帝出乎震」章中，震卦和巽卦緊臨，正合乎「雷風相薄」的說法。而在所謂的先天八卦方位中，震和巽則處於相對的位置上，震居東北，而巽居西南，與「相薄」的說法不合。

另外，「天地定位」也並不必然意味著天在南，在上，地在北，在下。依據「帝出乎震」章的描述，乾（天）居西北，坤（地）居西南，也未嘗不是一種「天地定位」。而且這種安排除了合乎五行學說外，還合乎古人的一些說法。如《左傳・襄公十八年》記董叔曰：「天道多在西北」，《淮南子・天文訓》和新發現的楚簡《太一生水》中，都提到天不滿於西北，因此有日月星辰皆向西北運動的現象。《說卦》以乾居西北，應該是有這樣的背景。而坤居西南，與該卦卦辭中「西南得朋，東北喪朋」之語正合。這樣來說「天地定位」，比先天八卦的說法更有依據。

上引「帝出乎震」章還有受《繫辭傳》影響的痕跡。其云「離也者，明也，萬物皆相見，南方之卦也；聖人南面而聽天下，向明而治，蓋取諸此也」。與《繫辭》中觀象製器章的說法類似。從句式上說，《說卦傳》與《繫辭傳》是完全一致的。在《繫辭傳》中列舉了一系列觀象製器之事，而《說卦傳》只是提及一例。顯然應該是《說卦傳》受到了《繫辭傳》的影響。二者都提到了離卦，但在《繫辭傳》中，指的是六畫卦，而在《說卦傳》中，是指三畫卦，所以名義相同，取象並不相同，因而所製之器也不同。

㈢、八卦生物養物之象

《說卦傳》認為八卦有其最基本的物象，即乾為天，坤為地，震為雷，巽為風，離為火，坎為水，艮為山，兌為澤。並在此基礎上討論八卦與萬物的關係。它說：

> 神也者，妙萬物而為言者也。動萬物者莫疾乎雷，撓萬物者莫疾乎風，燥萬物者莫熯乎火，說萬物者莫說乎澤，潤萬物者莫潤乎水，終萬物始萬物者莫盛乎艮。故水火相逮，雷風不相悖，山澤通氣，然後能變化，既成萬物也。

這裡依次提到了雷、風、火、澤、水、艮，與八卦和四時配合的順序是一致的。後面並論水火、雷風、山澤的相對關係，更可知上面討論的「天地定位」章沒有特別的意義。照這裡的理解，震為雷，雷出地動，所以是動萬物者。撓是吹拂，風是吹拂，發散萬物者。熯是熱，火是乾燥萬物者。說通悅，澤是愉悅萬物者。坎為水，水潤下，故有潤物之功。艮處冬末春初，正處萬物終始之時，所以說是終萬物始萬物者。

這裡沒有論及乾坤或天地，其實「神」就相當於天地，天地是萬物一切變化的基礎，故云「妙萬物」。這裡的「神」取的是「陰陽不測之謂神」之義。

㈣、八卦的基本德性

《說卦傳》對八卦的德性都有明確的概括，它說：

> 乾，健也；坤，順也；震，動也；巽，入也；坎，陷也；離，麗也；艮，止也；兌，說也。

這些內容，其實在《彖傳》、《象傳》中都已經涉及到了，這裡無非是做了更明確的概括。八卦的這些德性，顯然與其所取的基本物象有關。如乾為天，天行健，故乾，健也。坤為地，地順承天而行，故為順。震為雷，雷能動物，故動也。巽為風，風吹入萬物，故為入。坎為水，水能陷人陷物，故為陷。離為火，火必附著於物，麗是附麗之義，故離，麗也。艮為山，山有靜止、阻止之義，故為止。兌為澤，澤養育、愉悅萬物，故云兌，說也。

㈤、八卦所取動物之象

《繫辭傳》說八卦的製作有取於鳥獸之文，《說卦傳》中就談到了八卦的動物象徵。它說：「乾為馬，坤為牛，震為龍，巽為雞，坎為豬，離為雉，艮為狗，兌為羊。」每個卦和動物配合的理由，應該是它們之間有類似的性質。對此，《周易正義》中也曾有說明。

乾為天，天行健，馬善跑，與天相似，所以乾為馬。坤為地，地任重而順，與牛類似，所以坤為牛。震為雷，為動，其震動如龍動物，所以震為龍。巽為風，風主號令，雞能報時，與此類似，所以巽為雞。坎為水，豬喜歡處在污濕之地，所以坎為豬。艮為山，有靜止之義，狗善於守家，禁止外人進入，所以艮為狗。兌有悅的意思，羊非常溫順，所以兌為羊。

《正義》的解釋雖然有些道理，但讀起來也有牽強的感覺，可以作為參考。後人對八卦與動物的配合曾經有一些質疑，譬如說乾卦爻辭多言龍，坤卦卦辭中有馬，為什麼《說卦傳》不說「乾為龍，坤為馬」，卻說「乾為馬，坤為牛」。這是因為那裡的乾坤是六畫卦，而《說卦傳》中的乾坤是三畫卦的緣故。我們不應忽略這個差別。

㈥、八卦與人體之象

《繫辭傳》說八卦近取諸身，可見八卦的形象與人的身體有關。《說卦傳》就來說明這種關係的性質。它說：

> 乾為首，坤為腹，震為足，巽為股，坎為耳，離為目，艮為手，兑為口。

如此搭配的理由，《正義》也有說明。照它的理解，乾尊而在上，相當於人的頭。坤包藏包容，與人的腹部類似。震為動，人的行動要依靠足。股和足是相連的，它隨著足的運動而運動，正如巽（風）和震（雷）相連一樣，所以巽為股。坎卦位居北方，主聽，聽是耳的功能。離是南方之卦，主視，視是目的功能。艮為止，手也能止物，二者相似。兑是西方之卦，主言語，言語是口的功能。

㈦、八卦與家庭之象

《說卦傳》還以八卦與家庭配合，提出了乾坤父母說。它說：

> 乾，天也，故稱乎父；坤，地也，故稱乎母；震一索而得男，故謂之長男；巽

一索而得女，故謂之長女；坎再索而得男，故謂之中男；離再索而得女，故謂之中女；艮三索而得男，故謂之少男；兌三索而得女，故謂之少女。

這顯然是著眼於卦象的角度。乾和坤都是純卦，乾卦由三個陽爻構成，坤卦由三個陰爻構成。前者卦象為天，後者卦象為地，故分別稱父母。天父地母的說法應來源於春秋以前的「皇天后土」之說，在戰國時期已經非常流行。見於《管子》、帛書《黃帝四經》等許多著作。以下男女之說，實質上是把其它六卦分為兩類，這與《繫辭》的有關論述是一致的。《繫辭》云：

乾道成男，坤道成女。

陽卦多陰，陰卦多陽，其故何也？陽卦奇，陰卦偶。其德行何也？陽一君而二民，君子之道也。陰二君而一民，小人之道也。

這裡討論的對象正是八卦中除乾坤之外的六卦。六卦按其卦象，可分為陰陽兩組。判別陽卦和陰卦的標準是「陽卦多陰，陰卦多陽」。這樣，震、坎、艮三卦由一個陽爻和兩個陰爻構成，是陽卦；巽、離、兌三卦由一個陰爻和兩個陽爻構成，是陰卦。在《說卦》中，陽卦稱男，而陰卦稱女，而且有長、中和少的區別。在陽卦中，陽爻居下位的為長，居中位的為中，居上位的為少；陰卦的原則亦同。

其實乾坤父母說在《彖傳》作成的時候可能就已經形成了。它在解釋咸、恆、睽、隨等幾個卦時，似乎有六子卦的想法在心中。如其釋《咸》卦說：

咸，感也。柔上而剛下，二氣感應以相與。止而悅，男下女，是以亨利貞，取女吉也。

咸卦的卦象是艮下兌上，從傳文「柔上而剛下」和「男下女」來看，明顯是以艮為柔、為女，而以兌為剛、為男。其解釋恆卦說「剛上而柔下」，與對咸卦的解釋是一致的。其解釋震下兌上的隨卦，也說「剛來而下柔」，顯然是以震卦為剛，以兌卦為柔。這與震男兌女的說法一致。又《彖傳》解釋睽卦說：

睽，火動而上，澤動而下。二女同居，其志不同行。

睽卦的卦象是兌下離上，在乾坤父母說中，離卦和兌卦分別處在中女和少女的角色。這裡說「二女同居」，應該是有這樣的觀念在心中的。

進一步地考察，乾坤父母說的淵源或許可以追溯到春秋時期。《左傳・昭公元年》記載醫和回答趙孟「何謂蠱？」的問題時說：

淫溺惑亂之所生也。於文皿蟲為蠱，谷之飛亦為蠱，在《周易》，女惑男，風落山謂之蠱，皆同物也。

蠱卦的卦象是巽下艮上，巽為風，艮為山，所以說「風落山」。很顯然，「女惑男」也是對卦象的說明，而且以巽為女，以艮為男。這與《說卦》的說法是一致的。當然，僅憑此點並不能肯定這時已經存在乾坤父母的觀念，但至少可以說明它的思想的淵源。

乾坤父母說的意義，一是確立乾坤兩卦的基礎地位，把其他六卦看作是乾坤結合的結果。這從卦象上說是極其自然的。另外，若著眼於取象的角度，乾坤分別代表天地，其餘六卦則表示各種具體的自然現象，因此，乾坤父母說也具有以天地為其他自然現象本原的含義。

二是透過將八卦之間的關係看作家庭關係，認為八卦中含有夫婦（乾坤）、父子、兄弟之道，從而進一步將《周易》與人事結合了起來。

(八)、八卦的雜象

《說卦傳》的最後一段，是大量羅列八卦各自所代表的物象。其格式，都是先指出八卦所代表的基本物象，即乾為天，坤為地等，然後再廣言其他雜象。其中的寓意是很明顯的，即以雜象都出於此基本之象。惟一的一個變例是巽卦，在《說卦傳》較前的部分，提到它的最基本取象是風，而這裡則是先言木，而以風隨後。這樣做的理由，是因為其後的雜象是以木為主引申出來的。以下，我們依據《正義》對乾坤兩卦進行些解釋。先來看乾卦，《說卦傳》說：

> 乾為天，為圓，為君，為父，為玉，為金，為寒，為冰，為大赤，為良馬，為老馬，為瘠馬，為駁馬，為木果。

乾取象於天，古人以天體循環運動，故有天圓地方之說，故為圓。天處於尊位，君父的地位和它類似，所以為君為父。天為剛德，又有清明之象，玉和金都具有這些性質。在八卦方位圖中，乾居西北，臨近冬天，所以為寒為冰。大赤是盛陽之色，天為陽，故於色為大赤。乾為馬，故以下提到幾種馬，良馬取其行健之義，老馬依《正義》之說，取其行健之久也，但也可能是取老陽之義。瘠馬是瘦馬，行進疾速。駁馬能吃虎豹，剛健與乾同。果實著木，與星辰麗天類似，所以說乾為木果。

關於坤卦，《說卦傳》說：

坤為地，為母，為布，為釜，為吝嗇，為均，為子母牛，為大輿，為文，為眾，為柄。其於地也為黑。

根據《正義》的解釋，坤為地，生育萬物，所以為萬物之母。地廣可以載物，類似於布可以包萬物。釜是收割用之工具，地化生成熟萬物，與此有失。有吝嗇之象，取的是其地生物不轉移的意思。為均，是因為地道平均。為子母牛，取的是蕃育眾多以及柔順。地載萬物，與大輿類似，故為大輿。萬物色彩眾多而雜，故為文。地載物非一，故為眾。為柄，取的是其為生物之本之義。黑是極陰之色，與坤卦同，所以，有其於地也為黑為象。

以下六卦，我們只列出《說卦傳》和《正義》的說法，不一一解釋：

《說卦傳》：

震為雷，為龍，為玄黃，為旉，為大塗，為長子，為決躁，為蒼筤竹，為萑葦；其於馬也，為善鳴，為馵足，為作足，為的顙；其於稼也，為反生；其究為健，為蕃鮮。

《正義》：

為玄黃，取其相雜而成蒼色也。為旉，取其春時氣至，草木皆吐，旉布而生也為大塗，取其萬物之所生也……為決躁，取其剛動也。為蒼筤竹，竹初生之時色蒼，筤取其春生之美也。為萑葦，萑葦竹之類也。其為馬也為善鳴，取其象雷聲之遠聞也。為馵足，馬後足白為馵，取其動而見也。為作足，取其動而行健也。為的顙，白額馬的顙，亦取動而見也。其於稼也，為反生，取其始生戴甲而出也。其究為健；究，極也；極於震動，則為健也。為蕃鮮；鮮，明也；取其春時草木蕃育而鮮明。

《說卦傳》：

巽為木，為風，為長女，為繩直，為工，為白，為長，為高，為進退，為不果，為臭；其於人也，為寡髮，為廣顙，為多白眼；為近利市三倍，其究為躁卦。

《正義》：

巽為木，木可以輮曲直，即巽順之謂也。為風，取其陽在上搖木也。為長女，如上釋巽為長女也。為繩直，取其號令齊物，如繩之直木也。為工，亦正取繩直之類。為白，取其風吹去塵，故潔白也。為長，取其風行之遠也。為高，取其風性高遠，又木生而上也。為進退，取其風之性前卻其物，進退之義也。為不果，取其風性前卻，不能果敢決斷，亦皆進退之義也。為臭，王肅作為香臭也，取其風所發也，又取下風之遠聞。其於人也為寡髮；寡，少也；風落樹之華葉，則在樹者希疏，如人之少髮，亦類於此，故為寡髮也。為廣顙，額闊為廣顙，髮寡少之義，故為廣頗也。為多白眼，取躁人之眼，其色多白也。為近利，取其躁人之情，多近於利也。市三倍，取其木生蕃盛，於市則三倍之宜利也。其究為躁卦；究，極也；取其風之近極於躁急也。

《說卦傳》：

坎為水，為溝瀆，為隱伏，為矯輮，為弓輪；其於人也，為加憂，為心病，為耳痛，為血卦，為赤；其於馬也，為美脊，為亟心，為下首，為薄蹄，為曳；其於輿也，為多眚，為通，為月，為盜；其於木也，為堅多心。

《正義》：

坎為水，取其北方之行也。為溝瀆，取其水行無所不通也。為隱伏，取其水藏地中也。為矯輮，取其使曲者直為矯，使直者曲為輮，水流曲直，故為矯輮也。為弓輪，弓者激矢，取如水激射也；輸者運行，如水行也。其於人也為加憂，取其憂險難也。為心病，憂其險難，故心病也。為耳痛，坎為勞卦也，又北方主聽，聽勞則耳痛也。為血卦，取其人之有血，猶地有水也。為赤，亦取血之色。其為馬也為美脊，取其陽在中也。為亟心；亟，急也；取其中堅內動也。為下首，取其水流向下也。為薄蹄，取其水流迫地而行也。為曳，取其水磨地而行也。其於與也為多眚，取其表裡有陰，力弱不能重載，常憂災眚也。為通，取其行有孔穴也。為月，取其月是水之精也。為盜，取水行潛竊如盜賊也。其於木也為堅多心，取剛在內也。

《說卦傳》：

離為火，為日，為電，為中女，為甲冑，為戈兵；其於人也，為大腹；為乾卦，為鱉，為蟹，為蠃，為蚌，為龜；其於木也，為科上槁。

《正義》：

離為火，取南方之行也。為日，取其日是火精也。為電，取其有明似火之類也。為中女，如上釋離為中女也。為甲冑，取其剛在外也。為戈兵，取其剛在於外，以剛自捍也。其於人也為大腹，取其懷陰氣也。為乾卦，取其日所烜也。為鱉，為蟹，為蠃，為蚌，為龜，皆取剛在外也。其於木也為科上槁；科，空也；陰在內為空，木既空中者，上必枯槁也。

《說卦傳》：

艮為山，為徑路，為小石，為門闕，為果瓜，為閽寺，為指，為狗，為鼠，為野喙之獨，其於木也，為堅多節。

《正義》：

艮為山，取陰在於下為止，陽在於上為高，故艮象山也。為徑路，取其山雖高，有澗道也。為小石，取其艮為山，又為陽卦之小者，故為小石也。為門闕，取其有徑路，又崇高也。為果瓜，木實為果，草實為瓜，取其出於山谷之中也。為閽寺，取其禁止人也。為指，取其執止物也。為狗，為鼠，取其皆止人家也。為黔喙之屬，取其山居之獸也。其於木也為堅多節，取其山之所生，其堅勁，故多節也。

《說卦傳》：

兌為澤，為少女，為巫，為口舌，為毀折，為附決，其於地也為剛鹵，為妾，為羊。

《正義》：

兌為澤，取其陰卦之小，地類卑也。為少女，如上釋兌為少女也。為巫，取其口舌之官也。為口舌，取西方，於五事為言，取口舌為言語之具也。為毀折，為附決，兌西方之卦，又兌主秋也，取秋物成熟，稿杆之屬則毀折也，果瓜之屬則附決也。其於地也為剛鹵，取水澤所停，則咸鹵也。為妾，取少女從姊為娣也。為羊，如上釋，取其羊性順也。

三、《說卦傳》的價值和意義

一般而言，學者對《說卦傳》的評價並不是很高。戴君仁的一個說法很有代表性。他說：

《說卦》中有價值的話，只在前面兩小段，如「和順於道德而理於義，窮理盡性以至於命」，「立天之道曰陰與陽，立地之道曰柔與剛，立人之道曰仁與義」，都是極精深的哲理，貫通天人，故亦為宋儒所樂道。不過下面記載許多說象的話，都是術數的東西，內中有許多鄙瑣的取象，毫無義理可言。我想此由於易本卜筮之書，它有自古相傳積累下來的術數上的東西，傳《易》者未便拋棄，便記錄在《說卦》裡。❹

這種說法，當然有它的合理性。《說卦傳》與卜筮的關係，也是毋庸置疑的。汲冢竹書中有篇似《說卦》而異的東西，應該就是卜筮所用。但事實上，所有的《易傳》都脫不了與卜筮的關係，就如《繫辭傳》對卜筮的歌頌一樣。但它注重的卻不是卜筮這一套。從表面上來看，《說卦傳》對卦的解說繁瑣無謂，實質上，它的目的是要將卦與天地陰陽四時五行萬物以及人間的道德性命都配合起來，說明《周易》之中包含著這些事物和道理。

我們看《說卦傳》的結構，從聖人作易的目的是順性命之理講起，然後是八卦的作用，八卦與四時五行的關係，八卦所取的德性，動物，人的身體，家庭之象，最後是眾多的雜象。其排列錯落有致，涉及自然物和人的眾多方面。

《說卦傳》的很多內容，並不新鮮，都見於許多其他書籍。但在《說卦傳》的結構之中，這些內容又有特別的意義。它代表了八卦某方面的性質，與其他內容共同構成一個整體。

《說卦傳》最後的部分，述及八卦的眾多雜象，固然繁瑣。但透過這些材料，讓我們了解古人對於事物的分類，卻別具一番意義。在《說卦傳》中，八卦實際上代表了八個大類。每一類中大體都包括人，動物，植物，氣候，形狀和其他自然物等。這些原本看起來無關的事物之間依靠類的概念而建立了密切的關係。照古人對類的看法，同一類事物之間存在著相感應的聯繫，如《文言傳》所說：「同聲相應，同氣相求。水流濕，火就燥，雲從龍，風從虎。本乎天者親上，本乎地者親下。」因此《說卦傳》的這部分內容為我們深入了解古人的思想，提供了非常重要的材料。

【註 釋】

❶ 朱伯崑《易學哲學史》，北京大學出版社，一九八六年，第五十頁。

❷《道家文化研究》第三輯，上海古籍出版社，一九九三年，第四百三十二頁。

❸ 高明《易象探源》，見黃沛榮編《易學論著選集》。

❹ 戴君仁《易經的義理性》，見黃沛榮編《易學論著選集》，二百二十一頁。

第七章　《序卦傳》和《雜卦傳》

在這一章中，我們要討論的是《易傳》七篇的最後兩篇——《序卦傳》和《雜卦傳》。這兩篇的篇幅都不長，寫作時間可能也較晚，而且很多學者認為，這兩篇之間應存在某種關係，例如《雜卦傳》也許正是針對《序卦傳》而作的。所以這裡把它們放在一章中論述。

一、《序卦傳》

《序卦傳》的核心在於一個「序」字，它指的是《周易》六十四卦的排列次序。就我們目前所知道的情況，在先秦時期，《周易》的卦序就已不只一種。馬王堆漢墓帛書中曾發現一本《周易》，它的卦序就與通行本不同。帛書的卦序以八經卦為中心，上下卦各依一定次序搭配，構成了一個形式上非常整齊的系統。其排列較通行本《周易》更有規則，便於記憶。漢代以後，也還出現過幾種卦序。就帛書本《周易》和通行本《周易》的關係而言，一般認為前者要晚於後者。因為一方面，西晉太康年間發現的戰國中期魏襄王墓中，就曾藏有一部與通行本內容一致的《周易》，可能說明至少在戰國中期，通行本卦序已經存在。

另一方面，假設先出現一種如帛書《周易》那般整齊的卦序，則由本卦序的出現就很難理解。因為與帛書卦序相比，通行本的卦序顯得有些雜亂無章。

無論如何，《序卦傳》是說明通行本《周易》卦序意義的。它的寫作年代，也沒有直接的材料可以證明。《淮南子・繆稱訓》曾引「易曰：剝之不可遂盡也，故受之以復」，應該根據的是《序卦傳》，這能證明該傳在漢初已經存在。但它寫作的上限，很難確定。從內容上看，《序卦傳》與《說卦傳》的聯繫比較密切。它關於坎離震巽艮兌幾卦意義的解釋，與《說卦傳》完全一致。

另外，它說「主器者莫若長子，故受之以震」，與《說卦傳》以震為長子的看法也一樣。雖然這些思想在很早就已經出現，但畢竟以《說卦傳》的論述最成系統，所以儘管不能確定，它受《說卦傳》影響的可能性還是比較大的。如此說來，它的作成年代也不太早，以秦漢之際最有可能。

《序卦傳》的文字不多，為了討論方便，我們先把它全文錄下：

有天地，然後萬物生焉。盈天地之間者惟萬物，故受之以屯。屯者盈也，屯者物之始生也。物生必蒙，故受之以蒙。蒙者蒙也，物之自稚也。物稚不可不養也，故受之以需。需者飲食之道也。飲食必有訟，故受之以訟。訟必有眾起，故受之以師。師者眾也。眾必有所比，故受之以比。比者比也。比必有所畜，故受之以小畜。物畜然後有禮，故受之以履。履而泰，然後安，故受之以泰。泰者通也。物不可能終通，故受之以否。物不可以終否，故受之以同人。與人同者，物必歸焉，故受之以大有。有大者不可以盈，故受之以謙。有大而能謙必豫，故受之以豫。豫必有隨，故受之以隨。以喜隨人者必有事，故受之以蠱，蠱者事也。有事而後可大，故受之以臨。臨者大也。物大然後可觀，故受之以觀。可觀而後有所合，故受之以噬嗑。嗑者合也。物不可以苟合而已，故受之以賁。賁者飾也。致飾然後亨則盡矣，故受之以剝。剝者剝也，物不可以終盡，剝窮上反下，故受之以復。復則不妄矣，故受之以無妄。有無妄然後可畜，故受之以大畜。物畜然後可養，故受之以頤。頤者，養也。不養則不可動，故受之以大過。物不可以終過，故受之以坎。坎者，陷也。陷必有所麗，故受之以離。離者，麗也。

有天地，然後有萬物。有萬物，然後有男女。有男女，然後有夫婦。有夫婦，然後有父子。有父子，然後有君臣。有君臣，然後有上下。有上下，然後禮義有所錯。夫婦之道，不可以不久也，故受之以恆。恆者，久也。物不可以久居其所，故受之以遯。遯者，退也。物不可以終遯，故受之以大壯。物不可以終壯，故受之以晉。晉者，進也。進必有所傷，故受之以明夷。夷者，傷也。傷於外者，必反於家，故受之以家人。家道窮必乖，故受之以睽。睽者，乖也。乖必有難，故受之以蹇，蹇者，難也。物不可以終難，故受之以解。解者，緩也。緩必有所失故受之以損。損而不已必益，故受之以益。益而不已必決，故受之以夬。夬者，決也。決必有遇，故受之以姤。姤者，遇也。物相遇而後聚，故受之以萃。萃者，聚也。聚而上者，謂之升，故受之以升。升而不已必困，故受之以困。困乎上者必反下，故受之以井。井道不可不革，故受之以革。革物者莫若鼎，故受之以鼎。主器者莫若長子，故受之以震。震者，動也。物不可以終動，止之，故受之以艮。艮者，止也。不可以終止，故受之以漸。漸者，進也。進必有所歸，故受之以歸妹。得其所歸者必大，故受之以豐。豐者，大也。窮大者必失其居，故受之以旅。旅而無所容，故受之以巽。巽者，入也。入而後說之，故受之以兌。兌者，說也。說而後散之，故受之以渙。渙者，離也。物不可以終離，故受之以節。節而信之，故受之以中孚。有其信者必行之，故受之以小過。有過物者必濟，故受之以既濟。物不可窮也，故受之以未濟終焉。

《序卦傳》對六十四卦的說明，有如下幾個特點：

第一，除了對乾坤兩卦依據取象說解釋為天地外，其他各卦大體以卦名為主闡發卦義，基本不涉及卦象。如它解釋屯卦，有盈和始生兩種意義；蒙卦，則取物之幼稚，蒙昧之義等。其對卦義的說明，有些取自於《彖傳》，如「泰者通也」，與《彖傳》釋泰卦「天地交而萬物通也」當有關係。有些取自於《象傳》，它以需為飲食之道，與《象傳》「雲上於天，需。君子以飲食宴樂」相同；以禮釋履，與《象傳》「上天下澤，履。君子以辨上下，定民志」也有關。同時有一些當是《序卦傳》的獨創，如「蠱者事也」，「臨者大也」等，與《彖傳》、《象傳》不同，可能出於作者自己的理解。

第二，《序卦傳》試圖把六十四卦之間的關係視為具有邏輯因果性的必然關係。前一卦是後一卦的原因，後一卦是前一卦的結果。從文字上來看，它用「受之以」三個字來表現。受是承受、承繼的意思。若仔細區別，這種「受」的關係可以分成三種，王夫之在《周易外傳》中稱之為「相因」、「相成」和「相反」。相因是後卦承前卦發展，如屯是物之初生，蒙卦是物之蒙昧，屯後面是蒙，表現「物生必蒙」之義。相成是前卦待後卦而成，如萬物處於幼稚蒙昧狀態，就需要養育，需卦講飲食之道，與養育有關，所以蒙卦後面就是需卦。相反是後卦與前卦意義相反，如泰卦是通，否卦是閉塞不通，否卦接泰卦，表示「物不可以終通，故受之以否」。

第三，《序卦傳》還力圖賦予此種必然性的順序以更豐富的意義。譬如它對乾坤屯蒙的解釋，就有宇宙生成論的氣息。乾坤為天地，這是萬物的本原，有了天地，萬物就產生。屯是萬物剛剛產生的意思，蒙是對萬物初始狀態的一種描述。不過，它的著眼點始終是在人的上面，在中國很多古書中，物往往都指人，《序卦傳》裡也是如此。所以其對卦的解釋，是以人事和人道為中心展開。在儒家重視的各種德目中，《序卦傳》對禮給予了特別的關注。一則言「物畜然後有禮」，再則言「有上下然後禮義有所錯」。

本來，「序」字與禮就有直接的關係，禮以別異，就是要在人群中理出一個秩序。所以借討論六十四卦的次序來發揮禮的觀念，是再自然不過的事了。值得注意的是，其對從需卦到履卦泰卦的說明，似乎含有論述禮的起源和作用的意味。需是飲食，人為了飲食而爭執衝突，於是形成不同的群體，群體要有核心，組織有凝聚力，這就需要禮。有了禮之後，一切事情就都通順了。

《序卦傳》這裡的解釋描述了一個由亂到治的過程，而禮的有無是治亂的關鍵。這與荀子的思想有一致之處，《荀子・禮論篇》說：

> 禮起於何也？曰：人生而有欲，欲而不得，則不能無求。求而無度量分界，則不能不爭。爭則亂，亂則窮。先王惡其亂也，故制禮義以分之，以養人之欲，給人之求，使欲必不窮乎物，物必不屈於欲，兩者相持而長，是禮之所起也。故禮者養也。

這裡講的人生相當於屯蒙兩卦的物之初生，欲好比需卦的飲食，求相當於訟卦，爭和亂近於師卦，禮則是履卦。以《荀子》與《序卦傳》相比，有若合符節之感。《序卦傳》這裡的解釋，很可能就是想把荀子關於禮的思想注入到《周易》的卦序中去。

第四，根據杜預在《春秋左傳集解》後序中的說法，汲冢竹書發現的《周易》就已分上下篇，可知《周易》上下篇的區分較早。《序卦傳》對這種區分非常留意，它的結構，正是依上下篇分成兩部分。而且它對上下篇開始的兩卦，都賦予特殊的意義。如上篇從乾坤開始，《序卦傳》以為，乾坤是天地，其餘眾卦是萬物的不同情境，萬物來於天地，所以卦的排列就以乾坤為首，以表達「有天地然後萬物生焉」之義。至於下篇為什麼始於咸恆，《序卦傳》說：

有天地然後有萬物，有萬物然後有男女，有男女然後有夫婦，有夫婦然後有父子，有父子然後有君臣，有君臣然後有上下，有上下然後禮義有所錯。夫婦之道不可以不久也，故受之以恆。恆者久也。

這裡沒有提到咸卦的名字，正如前面沒有提到乾坤一樣。它以咸為夫婦之義，與《彖傳》和《荀子》相同。所以夫婦就代表了咸。《荀子‧大略篇》說夫婦是君臣父子之本也，《序卦傳》這裡鋪陳的就是這個意思。

依照它的說法，夫婦是人倫人道的開始，所以咸卦位居下篇之首。好比天地的萬物的開始，所以乾坤居全書之首。這樣，後人常常討論的一個問題，即《周易》上下篇的區分為什麼不各由相同的三十二卦組成，而是上篇三十卦，下篇三十四卦，呈現不對稱的結構，其理由在《序卦傳》中實際上已經有了非常深刻的說明。可見，《序卦傳》除了解釋卦序之外，還解釋了上下篇的區分問題。

就《周易》卦序而言，其排列確實有一定的規律可循。這就是唐代學者孔穎達指出的「兩兩相偶，非覆即變」。兩兩相偶，是說以兩卦為單位而形成一個對子，如第一卦和第二卦是一對，第三卦和第四卦是一對等。非覆即變，是指一對中兩卦象之間的關係。覆是顛倒，即前一卦的卦象顛倒過來就是後一卦的卦象；譬如屯卦和蒙卦，需卦和訟卦之間的關係就是如此。變是陽變陰，陰變陽，即前一卦卦象中的陰爻變成陽爻，陽爻變成陰爻，就成了後一卦的卦象。如乾和坤之間就屬於這種情形。也有幾對卦說成覆和變都可以。如泰和否等。大體說來，三十二對卦中，屬於覆的比較多，屬於變的比較少。依照上述的理解，《周易》六十四卦的排列順序也有法可循，而且這個法主要與卦象有關。這樣排列的理由，若從義理的角度理解，是突出了卦象的對立關係。若從實用的角度理解，可能是方便記憶。記住了一卦，等於記了兩卦。這與後來朱熹編六十四卦卦名歌的用意是一樣的。

但是，從「非覆即變」來看六十四卦的話，成對的卦之間則沒有任何必然的聯繫。《序卦傳》的作者也許正是不滿意於這一點，才有意回避「非覆即變」的規律。同時，它也就完全不考慮卦象，而只從卦名著眼了。

《序卦傳》的作法，因為一定要在相鄰各卦之間建立必然的聯繫，所以，有時不免牽強附會。加上它完全忽略了卦象的因素，因而很早就招致了後人的質疑。韓康伯在注《序卦傳》的時候，就曾說「凡序卦所明，非易之蘊也。蓋因卦之次，托以明義……失之遠矣」。歐陽修之後，更明確說它非聖人之作。但《序卦傳》的價值，還是不能忽視的。它把儒家豐富的內容都灌注到了卦序中去，不能不說是一個創見。

另外，經過它的工作，促使後人更加注意卦序的意義問題。再者，至少它也有幫助人們記憶卦序的作用。

二、《雜卦傳》

與《序卦傳》相比，《雜卦傳》的字數更少，也更少引人注目。《史記》和《漢書》都沒有提到它的名字，以至於以前曾有學者懷疑它可能出於劉歆、班固之後。但是，我們如果仔細閱讀《漢書》的話，班固於《藝文志》中曾經提到「孔氏為之彖、象、繫辭、文言、序卦之屬十篇」，雖然沒有說到《雜卦傳》的名字，但十篇中無疑是包括了它在內的。

再進一步來看，《藝文志》的《六藝略》裡也列有《易經》十二篇，並注明是施、孟、梁丘三家所傳，這十二篇顯然是《易經》上下篇和十翼的相加。可見在施、孟、梁丘三家之時，《雜卦傳》已經出現，而且與《彖傳》、《象傳》等結合為一個整體。施、孟、梁丘三家的立於學官，據歷史記載，是在漢宣帝的時候。但是，《雜卦傳》的出現也不會太早，王充在《論衡・正說篇》中說到：

> 孝宣皇帝之時，河內女子發老屋，得逸易、禮、尚書各一篇，奏之。宣帝下示博士，然後易、禮、尚書各益一篇。

這由河內女子發現的逸易，顯然是十翼中的一篇。但具體是哪一篇，說法不一。

《隋書・經籍志》以為是《說卦》三篇，其云：

> 及秦焚書，周易獨以卜筮得存，惟失說卦三篇。後河內女子得之。

但這裡的說法有很多令人生疑之處。首先是王充的一篇變成了三篇，其次《說卦》本身只是一篇，而且司馬遷在《史記》裡已經提到過它，所以也談不上「逸」的問題。這樣看來，所謂逸易一篇應該從其他六種的《易傳》中去考慮，被司馬遷提到的彖、象、繫辭、文言顯然都可以排除，《序卦傳》在《淮南子》中被稱引過，最後就只剩下《雜卦傳》了。如果這種估計是正確的，那我們這裡討論的《雜卦傳》實際上發現於漢宣帝時代，也正是施、孟、梁丘三家立於學官之時。當然，這樣說並沒有完全解決《雜卦傳》的寫作年代問題。因為，如果它真是河內女子發老屋所得的，《雜卦傳》的寫作年代就會比漢宣帝時早很多。

從內容上來說，《雜卦傳》討論的是《周易》六十四卦中每一卦的意義。其特點是把六十四卦分成三十二對，兩兩相對地進行論述，如「乾剛坤柔，比樂師憂」之類。從形式上來說，全篇非常整齊有序，全無雜亂無章之感。但是，若相對於通行本《周易》六十四卦的排列順序而言，確是「雜糅眾卦，錯綜其義」（韓康伯語），這正是該傳取名為雜的原因。

其實世間所有被看作「雜」的事物，都是相對於一定的秩序而言的。與一定的秩序相合者不雜，不合者即雜。在《周易》中，這一秩序就是通行本六十四卦的排列次序，而且，這一次序被《序卦傳》的作者看作具有某種必然性。後世如果有人不照此次序敘述六十四卦，肯定會被視為「雜」了。正因為如此，所以很多學者都認為，《雜卦傳》的寫作應該是在《序卦傳》之後。

《雜卦傳》的篇幅並不長，其所述各卦意義非常簡明，且通篇葉韻，便於記憶。為了討論的方便，我們先把它全文列出：

> 乾剛坤柔，比樂師憂。臨觀之義，或與或求。屯見而不失其居，蒙雜而著。震起也，艮止也。損益，盛衰之始也。大畜時也，無妄災也。萃聚而升不來也。謙輕而豫怠也。噬嗑食也，賁無色也。兌見而巽伏也。隨無故也，蠱則飭也。剝爛也，復反也。晉晝也，明夷誅也。井通而困相遇也。咸速也，恆久也。渙離也，節止也。解緩也，蹇難也。睽外也，家人內也。否泰反其類也。大壯則止，遯則退也。大有眾也，同人親也。革去故也，鼎取新也。小過過也，中孚信也。豐多故也，親寡旅也。離上而坎下也。小畜寡也，履不處也。需不進也，訟不親也。大過顛也，姤遇也，柔遇剛也。漸女歸待男行也，頤養正也。既濟定也，歸妹女之終也。未濟男之窮也。夬決也，剛決柔也。君子道長，小人道憂也。

關於《雜卦傳》，有幾個問題需要注意。

第一，其兩兩相偶的論述方式有沒有依據，依據何在？我們知道，《序卦傳》的依據就在經文的卦序之中，《雜卦傳》雖然與之不同，但它依據的其實也是《周易》經文的卦序。通行本六十四卦的排列，若著眼於卦象的話，有其明顯的特點。這就是孔穎達所說的「非覆即變」，即若把《周易》六十四卦依序分作三十二組的話，則第一組內兩卦的卦象之間存在著「非覆即變」的關係。

所謂「覆」是指卦象顛倒，所謂「變」是指卦象反對。前者如屯、蒙，剝、復之類；後者如乾、坤、中孚、小過之類。但在相鄰的兩組之間，並無必然的聯繫。這樣的安排顯然不是無意的，而是包含著作者一定的意圖。意圖之一可能是便於記憶，記住了三十二個卦，便等於記住了六十四卦；意圖之二就是揭示存在於卦象中的對立現象，這種對立甚至從卦名中都可以看出，譬如泰之於否，即濟之於未濟等。

而《雜卦傳》就是依據這種「非覆即變」的排列方式，對六十四卦意義進行與之相合的解釋。在諸種解釋《周易》的文獻中，《雜卦傳》可能是最早揭示存在於卦象中的兩兩相對結構的作品。

第二，《雜卦傳》對諸卦意義的說明，所依據的原則並不一致。有的是著眼於卦象，如乾卦六爻皆陽，故稱剛；坤卦六爻皆陰，故稱柔。有的是直接從卦名中引申，如「比樂師憂」、「大有眾也，同人親也」、「睽外也，家人內也」之類。值得注意的是它與《說卦傳》的關係。《說卦傳》論說八卦之取象和德性，並將八卦與四時及四方配合，《雜卦傳》的有些說法似乎與之有關。如「震起也，艮止也」與《說卦傳》「震動也，艮止也」略同而有小異，「起」字突出了開始的意義。

在《說卦傳》中，震卦居東方，為春，這是一歲的起始，艮則居東北方，為一歲的終止。又如「離上而坎下也」一句，當然可以從離為火，火性炎上，坎為水，水性潤下的角度來解釋，但若依照《說卦傳》的方位說來解釋，離卦位居南方，為上，坎卦位居北方，為下，也能說通。

第三，它描述諸卦的次序是否代表了一種新的卦序？在歷史上，《周易》六十四卦的排列曾經出現過幾種不同的次序。典型的如一九七三年在湖南長沙馬王堆漢墓中發現的帛書《周易》，其卦序就與通行本有很大的不同。其後，漢代的易學家京房、南北朝時期的衛元嵩等也製造過新的卦序。但這並不意味著任何人都有重新排列六十四卦的興趣。就《雜卦傳》而言，它代表一種新卦序的可能性微乎其微。一方面，迄今為止我們尚未發現任何一個與《雜卦傳》所述次序相同的《周易》傳本，再者，從中我們實在看不出其中存在著特殊的或有意義的組織原則。從一些線索分析，《雜卦傳》依據通行本卦序的可能性最大。其一，如上文已經提到的，《雜卦傳》以兩兩相對方式敘述易卦的方式，與通行本《周易》「非覆即變」的排列方式相同；其二，很多學者都注意到《雜卦傳》安排乾坤和咸恆諸卦的位置與通行本相同。

我們知道，通行本《周易》分作上下兩篇，上篇始於乾坤，下篇始於咸恆。前者在六十四卦中位居第一和第二自不必說，後者的位置是第三十一和第三十二，《雜卦傳》中它們的次序與此相同。這種情形表明，《雜卦傳》雖然不是對卦序毫不在乎，但它似乎並不著意於一種新卦序的建立。它關注的仍主要是揭示出六十四卦之間的兩兩相對的關係。

第四，我們應充分注意該篇的韻文體裁對其內容的影響。有的時候，由於對葉韻的追求，需要作出一些必要的調整。譬如其描述相對兩卦的次序，大多與通行本相同，如乾坤、屯蒙之類，但是，也有顛倒的情況，像通行本中師卦在比卦的前面，而《雜卦傳》則云「比樂師憂」先比卦後師卦，這顯然與追求葉韻有關。柔和憂葉韻，如果說「師憂比樂」，就失了韻。類似的例子還有一些，這裡不一一列舉。

還有一種情形是為了追求葉韻，而違反一般的敘述方式。例如《雜卦傳》通常都是先說卦名，再說卦義，但是也有一變例，那就是「豐多故也，親寡旅也」。旅是卦名，卻被放在了卦義「親寡」之後，這也是葉韻的需要，故和旅協魚部韻，最明顯的情形是為了葉韻，而不惜破壞卦象兩兩相對的結構。這就是被廣泛注意到的最後八個卦。如果嚴格按照卦象的相對關係來說，這八個卦應該分成如下的四組，即大過和頤、漸和歸妹、姤和夬、即濟和未濟。但《雜卦傳》的敘述，則是依照大過、姤、漸、頤、既濟、歸妹、未濟和夬的序次。前人對此種現象曾有過種種解釋，朱熹的說法是：

> 卦不反對，或疑其錯簡，今以韻協之，又似非誤，未詳何義。❶

在後面八個卦的敘述中，剛與行、終與窮、柔與憂都有葉韻的關係。這種情形可能就是為了追求通篇的葉韻，而犧牲了內容的統一性。當然，也不排除這段話確實存在錯簡的可能性。黃沛榮對這段話的順序進行了調整，即使卦象兩兩相對，又使句子之間存在葉韻的關係。他調整後的順序是：

大過，顛也，頤養正也。既濟定也，未濟男之窮也。歸妹女之終也，漸、女歸待男行也。姤遇也，柔遇剛也，夬決也，剛決柔也。君子道長，小人道憂也。

黃先生認為，這樣調整之後，與變、覆，與協韻，環環相扣，絕不可易。而最特殊者，乃末尾柔、憂二韻，又與篇首乾剛坤柔，比樂師憂相呼應，此蓋《雜卦傳》作者之匠心獨運也。❷

就《易傳》內部而言，《雜卦傳》與《彖傳》和《序卦傳》的關係最值得注意。與《彖傳》的關係主要是承繼了其中對很多卦的解釋以及解釋方式。另外，《雜卦傳》注意卦象德性，以及直接從卦名引申卦義的做法，與《彖傳》也完全一致。還有，若我們注意《雜卦傳》的結構，便會發現其終始都與剛柔的觀念有關，而且以剛柔分別代表君子和小人。這可以反映出作者對剛柔的觀念情有獨鍾。

如我們在討論《彖傳》時說過的，《彖傳》最喜歡使用剛柔的觀念，並且賦予其以道德的意義。至於其與《序卦傳》的關係，則呈現出相反的態勢。不止一位學者提到《雜卦傳》的創作應該與《序卦傳》有關。具體地說，就是《雜卦傳》的作者不滿於《序卦傳》很多牽強附會之處，於是另做該傳來說明六十四卦之間的關係。這種說法不無道理，我們看《雜卦傳》對各卦的解說，除了一些已經成為定論的認識之外，很多情況下都與《序卦傳》不同，似有意為之者。我們可以對照的方式來舉一些例子：

序卦傳	雜卦傳
需者，飲食不道也	需，不進也
師者，眾也	師憂
比者，比也	比樂
履，禮也	履，不處也
臨者，大也	臨觀之義，或與或求
盍者，合也	噬嗑，食也
賁，飾也	賁，無色也

從這種情形，也可看出《雜卦傳》和《序卦傳》肯定不會出於一人之手。

【註　釋】

❶ 朱熹《周易本義》，北京市中國書店，一九九〇年。

❷ 黃沛榮《周易卦序探微》，見《易學乾坤》，臺灣大安出版社，一九九八年，第二十三頁。

大展出版社有限公司
品冠文化出版社

圖書目錄

地址：台北市北投區（石牌）
致遠一路二段 12 巷 1 號
電話：(02) 28236031
28236033
28233123
郵撥：01669551＜大展＞
19346241＜品冠＞
傳真：(02) 28272069

・少年偵探・品冠編號 66

1.	怪盜二十面相	（精）	江戶川亂步著	特價 189 元
2.	少年偵探團	（精）	江戶川亂步著	特價 189 元
3.	妖怪博士	（精）	江戶川亂步著	特價 189 元
4.	大金塊	（精）	江戶川亂步著	特價 230 元
5.	青銅魔人	（精）	江戶川亂步著	特價 230 元
6.	地底魔術王	（精）	江戶川亂步著	特價 230 元
7.	透明怪人	（精）	江戶川亂步著	特價 230 元
8.	怪人四十面相	（精）	江戶川亂步著	特價 230 元
9.	宇宙怪人	（精）	江戶川亂步著	特價 230 元
10.	恐怖的鐵塔王國	（精）	江戶川亂步著	特價 230 元
11.	灰色巨人	（精）	江戶川亂步著	特價 230 元
12.	海底魔術師	（精）	江戶川亂步著	特價 230 元
13.	黃金豹	（精）	江戶川亂步著	特價 230 元
14.	魔法博士	（精）	江戶川亂步著	特價 230 元
15.	馬戲怪人	（精）	江戶川亂步著	特價 230 元
16.	魔人銅鑼	（精）	江戶川亂步著	特價 230 元
17.	魔法人偶	（精）	江戶川亂步著	特價 230 元
18.	奇面城的秘密	（精）	江戶川亂步著	特價 230 元
19.	夜光人	（精）	江戶川亂步著	特價 230 元
20.	塔上的魔術師	（精）	江戶川亂步著	特價 230 元
21.	鐵人Ｑ	（精）	江戶川亂步著	特價 230 元
22.	假面恐怖王	（精）	江戶川亂步著	特價 230 元
23.	電人Ｍ	（精）	江戶川亂步著	特價 230 元
24.	二十面相的詛咒	（精）	江戶川亂步著	特價 230 元
25.	飛天二十面相	（精）	江戶川亂步著	特價 230 元
26.	黃金怪獸	（精）	江戶川亂步著	特價 230 元

・生活廣場・品冠編號 61

1.	366 天誕生星	李芳黛譯	280 元
2.	366 天誕生花與誕生石	李芳黛譯	280 元
3.	科學命相	淺野八郎著	220 元

4.	已知的他界科學	陳蒼杰譯	220 元
5.	開拓未來的他界科學	陳蒼杰譯	220 元
6.	世紀末變態心理犯罪檔案	沈永嘉譯	240 元
7.	366 天開運年鑑	林廷宇編著	230 元
8.	色彩學與你	野村順一著	230 元
9.	科學手相	淺野八郎著	230 元
10.	你也能成為戀愛高手	柯富陽編著	220 元
11.	血型與十二星座	許淑瑛編著	230 元
12.	動物測驗—人性現形	淺野八郎著	200 元
13.	愛情、幸福完全自測	淺野八郎著	200 元
14.	輕鬆攻佔女性	趙奕世編著	230 元
15.	解讀命運密碼	郭宗德著	200 元
16.	由客家了解亞洲	高木桂藏著	220 元

・女醫師系列・品冠編號 62

1.	子宮內膜症	國府田清子著	200 元
2.	子宮肌瘤	黑島淳子著	200 元
3.	上班女性的壓力症候群	池下育子著	200 元
4.	漏尿、尿失禁	中田真木著	200 元
5.	高齡生產	大鷹美子著	200 元
6.	子宮癌	上坊敏子著	200 元
7.	避孕	早乙女智子著	200 元
8.	不孕症	中村春根著	200 元
9.	生理痛與生理不順	堀口雅子著	200 元
10.	更年期	野末悅子著	200 元

・傳統民俗療法・品冠編號 63

1.	神奇刀療法	潘文雄著	200 元
2.	神奇拍打療法	安在峰著	200 元
3.	神奇拔罐療法	安在峰著	200 元
4.	神奇艾灸療法	安在峰著	200 元
5.	神奇貼敷療法	安在峰著	200 元
6.	神奇薰洗療法	安在峰著	200 元
7.	神奇耳穴療法	安在峰著	200 元
8.	神奇指針療法	安在峰著	200 元
9.	神奇藥酒療法	安在峰著	200 元
10.	神奇藥茶療法	安在峰著	200 元
11.	神奇推拿療法	張貴荷著	200 元
12.	神奇止痛療法	漆 浩 著	200 元

・常見病藥膳調養叢書・品冠編號 631

1.	脂肪肝四季飲食	蕭守貴著	200 元
2.	高血壓四季飲食	秦玖剛著	200 元
3.	慢性腎炎四季飲食	魏從強著	200 元
4.	高脂血症四季飲食	薛輝著	200 元
5.	慢性胃炎四季飲食	馬秉祥著	200 元
6.	糖尿病四季飲食	王耀獻著	200 元
7.	癌症四季飲食	李忠著	200 元

・彩色圖解保健・品冠編號 64

1.	瘦身	主婦之友社	300 元
2.	腰痛	主婦之友社	300 元
3.	肩膀痠痛	主婦之友社	300 元
4.	腰、膝、腳的疼痛	主婦之友社	300 元
5.	壓力、精神疲勞	主婦之友社	300 元
6.	眼睛疲勞、視力減退	主婦之友社	300 元

・心 想 事 成・品冠編號 65

1.	魔法愛情點心	結城莫拉著	120 元
2.	可愛手工飾品	結城莫拉著	120 元
3.	可愛打扮 & 髮型	結城莫拉著	120 元
4.	撲克牌算命	結城莫拉著	120 元

・熱 門 新 知・品冠編號 67

1.	圖解基因與 DNA	（精）	中原英臣 主編	230 元
2.	圖解人體的神奇	（精）	米山公啟 主編	230 元
3.	圖解腦與心的構造	（精）	永田和哉 主編	230 元
4.	圖解科學的神奇	（精）	鳥海光弘 主編	230 元
5.	圖解數學的神奇	（精）	柳 谷 晃 著	250 元
6.	圖解基因操作	（精）	海老原充 主編	230 元
7.	圖解後基因組	（精）	才園哲人 著	230 元

・法律專欄連載・大展編號 58

台大法學院　法律學系／策劃
法律服務社／編著

1.	別讓您的權利睡著了(1)	200 元
2.	別讓您的權利睡著了(2)	200 元

・武 術 特 輯・大展編號 10

1.	陳式太極拳入門	馮志強編著	180 元

2.	武式太極拳	郝少如編著	200 元
3.	練功十八法入門	蕭京凌編著	120 元
4.	教門長拳	蕭京凌編著	150 元
5.	跆拳道	蕭京凌編譯	180 元
6.	正傳合氣道	程曉鈴譯	200 元
~~7.~~	~~圖解雙節棍~~	~~陳銘遠著~~	~~150 元~~
8.	格鬥空手道	鄭旭旭編著	200 元
9.	實用跆拳道	陳國榮編著	200 元
10.	武術初學指南	李文英、解守德編著	250 元
11.	泰國拳	陳國榮著	180 元
12.	中國式摔跤	黃　斌編著	180 元
13.	太極劍入門	李德印編著	180 元
14.	太極拳運動	運動司編	250 元
15.	太極拳譜	清・王宗岳等著	280 元
16.	散手初學	冷　峰編著	200 元
17.	南拳	朱瑞琪編著	180 元
18.	吳式太極劍	王培生著	200 元
19.	太極拳健身與技擊	王培生著	250 元
20.	秘傳武當八卦掌	狄兆龍著	250 元
21.	太極拳論譚	沈　壽著	250 元
22.	陳式太極拳技擊法	馬　虹著	250 元
23.	二十四式 三十二式 太極拳 劍	闞桂香著	180 元
24.	楊式秘傳 129 式太極長拳	張楚全著	280 元
25.	楊式太極拳架詳解	林炳堯著	280 元
26.	華佗五禽劍	劉時榮著	180 元
27.	太極拳基礎講座：基本功與簡化 24 式	李德印著	250 元
28.	武式太極拳精華	薛乃印著	200 元
29.	陳式太極拳拳理闡微	馬　虹著	350 元
30.	陳式太極拳體用全書	馬　虹著	400 元
31.	張三豐太極拳	陳占奎著	200 元
32.	中國太極推手	張　山主編	300 元
33.	48 式太極拳入門	門惠豐編著	220 元
34.	太極拳奇人奇功	嚴翰秀編著	250 元
35.	心意門秘籍	李新民編著	220 元
36.	三才門乾坤戊己功	王培生編著	220 元
37.	武式太極劍精華 +VCD	薛乃印編著	350 元
38.	楊式太極拳	傅鐘文演述	200 元
39.	陳式太極拳、劍 36 式	闞桂香編著	250 元
40.	正宗武式太極拳	薛乃印著	220 元
41.	杜元化＜太極拳正宗＞考析	王海洲等著	300 元
42.	＜珍貴版＞陳式太極拳	沈家楨著	280 元
43.	24 式太極拳＋VCD	中國國家體育總局著	350 元
44.	太極推手絕技	安在峰編著	250 元
45.	孫祿堂武學錄	孫祿堂著	300 元

46. <珍貴本>陳式太極拳精選　馮志強著　280元
47. 武當趙保太極拳小架　鄭悟清傳授　250元
48. 太極拳習練知識問答　邱丕相主編　220元
49. 八法拳 八法槍　武世俊著　220元
50. 地趟拳＋VCD　張憲政著　350元
51. 四十八式太極拳＋VCD　楊　靜演示　400元
52. 三十二式太極劍＋VCD　楊　靜演示　350元
53. 隨曲就伸 中國太極拳名家對話錄　余功保著　300元
54. 陳式太極拳五動八法十三勢　闞桂香著　200元

・彩色圖解太極武術・大展編號 102

1. 太極功夫扇　李德印編著　220元
2. 武當太極劍　李德印編著　220元
3. 楊式太極劍　李德印編著　220元
4. 楊式太極刀　王志遠著　220元
5. 二十四式太極拳(楊式)＋VCD　李德印編著　350元
6. 三十二式太極劍(楊式)＋VCD　李德印編著　350元
7. 四十二式太極劍＋VCD　李德印編著
8. 四十二式太極拳＋VCD　李德印編著

・國際武術競賽套路・大展編號 103

1. 長拳　李巧玲執筆　220元
2. 劍術　程慧琨執筆　220元
3. 刀術　劉同為執筆　220元
4. 槍術　張躍寧執筆　220元
5. 棍術　殷玉柱執筆　220元

・簡化太極拳・大展編號 104

1. 陳式太極拳十三式　陳正雷編著　200元
2. 楊式太極拳十三式　楊振鐸編著　200元
3. 吳式太極拳十三式　李秉慈編著　200元
4. 武式太極拳十三式　喬松茂編著　200元
5. 孫式太極拳十三式　孫劍雲編著　200元
6. 趙堡式太極拳十三式　王海洲編著　200元

・中國當代太極拳名家名著・大展編號 106

1. 太極拳規範教程　李德印著　550元
2. 吳式太極拳詮真　王培生著　500元
3. 武式太極拳詮真　喬松茂著

・名師出高徒・大展編號 111

1.	武術基本功與基本動作	劉玉萍編著	200 元
2.	長拳入門與精進	吳彬等著	220 元
3.	劍術刀術入門與精進	楊柏龍等著	220 元
4.	棍術、槍術入門與精進	邱丕相編著	220 元
5.	南拳入門與精進	朱瑞琪編著	220 元
6.	散手入門與精進	張山等著	220 元
7.	太極拳入門與精進	李德印編著	280 元
8.	太極推手入門與精進	田金龍編著	220 元

・實用武術技擊・大展編號 112

1.	實用自衛拳法	溫佐惠著	250 元
2.	搏擊術精選	陳清山等著	220 元
3.	秘傳防身絕技	程崑彬著	230 元
4.	振藩截拳道入門	陳琦平著	220 元
5.	實用擒拿法	韓建中著	220 元
6.	擒拿反擒拿 88 法	韓建中著	250 元
7.	武當秘門技擊術入門篇	高翔著	250 元
8.	武當秘門技擊術絕技篇	高翔著	250 元

・中國武術規定套路・大展編號 113

1.	螳螂拳	中國武術系列	300 元
2.	劈掛拳	規定套路編寫組	300 元
3.	八極拳	國家體育總局	250 元

・中華傳統武術・大展編號 114

1.	中華古今兵械圖考	裴錫榮主編	280 元
2.	武當劍	陳湘陵編著	200 元
3.	梁派八卦掌（老八掌）	李子鳴遺著	220 元
4.	少林 72 藝與武當 36 功	裴錫榮主編	230 元
5.	三十六把擒拿	佐藤金兵衛主編	200 元
6.	武當太極拳與盤手 20 法	裴錫榮主編	220 元

・少 林 功 夫・大展編號 115

1.	少林打擂秘訣	德虔、素法編著	300 元
2.	少林三大名拳 炮拳、大洪拳、六合拳	門惠豐等著	200 元
3.	少林三絕 氣功、點穴、擒拿	德虔編著	300 元
4.	少林怪兵器秘傳	素法等著	250 元
5.	少林護身暗器秘傳	素法等著	220 元

6.	少林金剛硬氣功	楊維編著	250 元
7.	少林棍法大全	德虔、素法編著	250 元
8.	少林看家拳	德虔、素法編著	250 元
9.	少林正宗七十二藝	德虔、素法編著	280 元
10.	少林瘋魔棍闡宗	馬德著	250 元

・原地太極拳系列・大展編號 11

1.	原地綜合太極拳 24 式	胡啟賢創編	220 元
2.	原地活步太極拳 42 式	胡啟賢創編	200 元
3.	原地簡化太極拳 24 式	胡啟賢創編	200 元
4.	原地太極拳 12 式	胡啟賢創編	200 元
5.	原地青少年太極拳 22 式	胡啟賢創編	220 元

・道學文化・大展編號 12

1.	道在養生：道教長壽術	郝勤等著	250 元
2.	龍虎丹道：道教內丹術	郝勤著	300 元
3.	天上人間：道教神仙譜系	黃德海著	250 元
4.	步罡踏斗：道教祭禮儀典	張澤洪著	250 元
5.	道醫窺秘：道教醫學康復術	王慶餘等著	250 元
6.	勸善成仙：道教生命倫理	李剛著	250 元
7.	洞天福地：道教宮觀勝境	沙銘壽著	250 元
8.	青詞碧簫：道教文學藝術	楊光文等著	250 元
9.	沈博絕麗：道教格言精粹	朱耕發等著	250 元

・易學智慧・大展編號 122

1.	易學與管理	余敦康主編	250 元
2.	易學與養生	劉長林等著	300 元
3.	易學與美學	劉綱紀等著	300 元
4.	易學與科技	董光壁著	280 元
5.	易學與建築	韓增祿著	280 元
6.	易學源流	鄭萬耕著	280 元
7.	易學的思維	傅雲龍等著	250 元
8.	周易與易圖	李申著	250 元
9.	中國佛教與周易	王仲堯著	350 元
10.	易學與儒學	任俊華著	350 元
11.	易學與道教符號揭秘	詹石窗著	350 元

・神算大師・大展編號 123

1.	劉伯溫神算兵法	應涵編著	280 元
2.	姜太公神算兵法	應涵編著	280 元

國家圖書館出版品預行編目資料

易傳通論／王　博　著
——初版，——臺北市，大展，2004〔民 93〕
面；21 公分，——（易學智慧；12）
ISBN　957-468-333-8（平裝）
1. 易經—研究與考訂
121.17　　93014671

中國書店授權中文繁體字版
【版權所有・翻印必究】

易傳通論

ISBN 957-468-333-8

主　　編／朱伯崑
著　　者／王　博
責任編輯／錢律進
發 行 人／蔡森明
出 版 者／大展出版社有限公司
社　　址／台北市北投區（石牌）致遠一路 2 段 12 巷 1 號
電　　話／（02）28236031・28236033・28233123
傳　　眞／（02）28272069
郵政劃撥／01669551
網　　址／www.dah-jaan.com.tw
E－mail ／serviec@dah-jaan.com.tw
登 記 證／局版臺業字第 2171 號
承 印 者／國順文具印刷行
裝　　訂／協億印製廠股份有限公司
排 版 者／弘益電腦排版有限公司
初版 1 刷／2004 年（民 93 年）11 月

定　價／250 元

●本書若有破損、缺頁敬請寄回本社更換●

大展好書　好書大展
品嘗好書　冠群可期

大展好書　好書大展
品嘗好書　冠群可期